백세시대의 지혜

차례
Contents

들어가며

우리나라는 세계에서 가장 빨리 고령화 사회로 진입하고 있다. 어떻게 하면 100세 시대를 슬기롭고 보람되게 맞아야 할까를 고민하지 않을 수 없는 사회가 되었다. 여유로운 제3의 인생을 황금기로 맞느냐, 무미건조하고 황량한 노인의 삼고(三苦)인 가난, 질병, 고독으로 죽기를 고대하며 사느냐, 늙은이들의 큰 난제가 아닐 수 없다.

원시 시대에는 평균 수명이 29세였는데 2050년에는 100세가 될 것이라고 한다. 현재 우리나라에서 100세 이상 노인이 이미 만여 명이며, 2016년 통계에서 남성은 기대 수명이 82세이며 여성은 85.6세로, 수명 120세도 멀지 않을 것이라고 한다.

　괴테는 사람이 늙어가면서 다섯 가지를 잃는다고 말하였다. 바로 건강, 일, 돈, 친구, 꿈으로, 괴테는 노년을 가리켜 가장 소중한 것들을 하나하나 빼앗기며 살아가는 시기라고 하였다. 그러나 미래는 운명이 예측한 대로 흘러가는 것이 아니므로 내가 개척하고 대비해야 아름답고 보람된 황혼을 즐길 수 있다.

　일찍이 키케로는 "만약 노인이 스스로를 지켜나간다면, 자신의 권리를 유지해나간다면, 누구에게 예속되지 않는다면 마지막 순간까지 자신의 것들을 다스려나간다면 노년은 매우 행복하고 영예로운 인생의 한 시기다"라고 하였다.

　자식들이 설마 부모를 박대하랴! 이런 기대와 선의의 해석에 기대어 노후 대책을 등한시하고 어떻게 되겠지 안이하게 살아가는 사람이 많은 것이 현실이다. 이미 18세기 말 독일 브란덴부르크 지역 한 마을에서는 성문에 몽둥이를 걸어놓고 '자녀에게 먹을 것을 의존하거나 가난에 시달리는 자는 이 몽둥이로 죽도록 얻어맞을 것'이라고 새겨놓았다고 한다. 여기에 문장을 보태면 좋겠다. 자식들만 위하느라고 노후 대책 세우지 못한 늙은이들도 말이다.

　좀 더 보람되게 능동적으로 사회에 참여하며 후세에 귀감이 될 만한 업적도 남기면 금상첨화겠지만, 적어도 세인들에게 지탄받으며 추하게는 살지 말아야겠다.

나를 먼저 뒤돌아보면서 겸손한 마음으로, 더 배우면서 하나의 음덕이라도 쌓아가며 품위 있게 존경받는 늙은이가 될 수 있을까 생각하면서 이 글을 써본다.

2016년 3월 20일

관악산 아래 경의재에서

신로심불로

예전에 시골에 사시는 어르신들이 유식한 체하며 이따금 "신로심불로(身老心不老)"라고 하면 무슨 뚱딴지같은 소리를 하는지 도저히 이해되지 않았다. 머리가 빠졌거나 하얗게 셌고 쭈그러진 얼굴에 검버섯이 피고 이도 없는 데다 기우뚱거리며 지팡이를 짚고 다니면서 마음은 늙지 않았다니, 이런 새빨간 거짓말을 스스럼없이 할 수 있을까?

이렇게 의아스러워하며 존경스러운 마음으로 대하는 것이 아니라 어딘지 모르게 경망스럽고 생각 없이 떠들어대는 천박한 노인이라고 비웃기도 했다. 갖은 풍상을 겪고 지혜를 쌓고 배우며 자식들을 가르치고 50~60여 년을 살았으면서

"심불로"라니 너무도 황당한 어불성설이라고 비아냥거렸다.

이제 내가 늙은이가 되었으니 젊은이들에게 수긍할 만한 변명을 할 수 있을지 고민할 때가 왔다. 하기야 나는 아직 어엿한 어른이 되지 못한 풋내기로, 어르신의 품격을 갖추지 못하였으니 '심불로'를 논할 주제도 못 되는지도 모르겠다. 시력도 청력도 떨어지고 주근깨 부치고 머리만 히얀 채 마음은 어리고 깨닫지 못한 어중치기 늙은이 말이다.

시성 두보(杜甫)의 시 가운데 "소장능기시 빈발각이창 방구반위귀 경호열중장(少壯能幾時 鬢髮各已蒼 訪舊半爲鬼 驚乎熱中腸, 젊고 건강한 시절 얼마나 되었는가! 머리털과 귀밑머리 다 같이 늙었구려. 친구 찾아보니 반은 귀신 되어 앉아 있네. 놀라워 가슴 답답하구려)"이라는 구절이 있다. 아마도 두보도 내 얼굴의 늙어짐은 보지 못하고 친구 얼굴을 바라보다가 '아, 나도 귀신이 다 된 저 모양이겠거니' 하며 인생무상을 실감하며 서글픔을 느꼈으리라.

필자도 고향에 가면 "왜 자네 편하게 살면서 늙었는가?"라는 말을 듣게 된다. 내가 하려는 말을 먼저 듣고 보니 어처구니가 없다. 검어진 얼굴에 살 빠져 체구까지 준 친구의 모습에서 초라한 내 꼴을 보고는 '사돈 남 나무란다'며 멋쩍은 웃음을 같이 웃었다.

특별히 해놓은 것도 없이 어느새 귀신의 얼굴을 닮아갔으니 심신(心身)이 이로(已老)되었나 보다. 그러나 어르신다운 노인이 되려느냐고 주책없다고 핀잔을 받을지라도 고전도 보고, 시도 읽고 써보며, 수필집과 신문 등을 열심히 읽고 있다. 교양 없이 탐욕이나 부리는 어리석은 늙은이가 되지 않으려고 몸부림을 치는 것이다. 그러나 지금껏 살아온 인생의 항로를 벗어나 특별한 길을 개척한다는 것은 천리(天理)에 도전하는 무모한 망동임을 깨달으며 순천자(順天者)의 정도를 밟으려 다짐한다.

날로 발전해가는 무병장수를 곁눈질하며, 생활의 지혜를 더하고 빼면서 덤으로 받은 생명을 나와 타인에게 적게나마 덕이 되게 할 수 없을까 생각해본다. 그것이 신불로의 마음인지 모르겠다. 꽃을 보면 아름답고, 책은 감동적이며, 처음 본 외국의 풍광이 감격스럽고, 예쁜 여자를 보면 마음 설레고, 슬픈 연속극에 눈시울을 적시고, 색다른 음식이 맛있다. 이 모든 것이 젊어서와 아무런 다름이 없으니, '아! 이것이 심불로인가 보구나! 철들어가는 노인이 되나 보다'하고 생각해본다.

일본의 시바타 도요(柴田トヨ)라는 여류 시인은 초등학교만 나왔는데 92세에 시를 쓰기 시작해서 장례비를 털어 첫 시집을 냈다. 수만 권이 팔리며 베스트셀러가 된 그 시집으로 일약 유명인사가 된 도요 시인은 '비밀'이라는 시에서

"98세에도 사랑을 한다고/ 꿈도 꾼다고/ 구름이라도 오르고 싶다"고 말한다. 92세에 꿈을 꾸며 노력한 보람을 98세까지도 이어가며 아름다운 꿈을 실현하는 용기를 선망하며 존경과 찬사를 보낸다. 아쉽게도 2013년에 고인이 되었는데, 사진을 보니 특출한 곳이 없는 평범한 노인이었다. 필자보다 20세나 선배 할머니도 사랑을 하고 싶고 구름이라도 오르고 싶은 '심불로' 심정이 있으니 사람은 누구나 늙어 죽을 때까지 마음은 청춘인가 보다.

영국에서 증기기관을 발명한 제임스 와트는 퇴직한 후 여행을 즐기며 말년을 유유자적하다가 무료하여 자기 정신이 마비되었을까 시험하려고 독일어 공부를 시작했다. 그런데 기억력이 별로 쇠퇴되지 않았다는 것을 깨닫고 놀라며 기계 설계 같은 일을 열심히 하여 80세까지 이상적인 말년을 보냈다고 한다. 이처럼 심불로는 마음만 청춘이라 생각하지 않고 젊었을 때의 기백을 살리면서 꿈을 이루려는 의지를 불태우는 마음이다.

필자는 80세가 된 작년 8월에 무모하게도 한용운 탄신 기념 시 백일장에 도전했다. 뜻밖에도 장원하여 등단의 기회를 얻었다. 아무리 늙었어도 아직 할 수 있다는 각오로 작심삼일이 되지 않도록 노력하는 것이 삶을 풍요롭게 하는 활력소가 되지 않을까?

인생은 술처럼 익어간다

사람은 16세가 지나면 노화에 접어든다고 한다. 받아들이고 싶지 않으며 의아스럽고 생소할지 모르지만, 피할 수 없는 생리적인 현상이며 자연의 법칙이니 어이하랴!

100세 시대의 인생 주기를 제1 인생과 제2 인생으로 나누고, 제1 인생을 다시 청년기와 중년기, 장년기로, 제2 인생을 청년 노인(65세~74세)과 중년 노인(75세~84세), 노년 노인(85세 이상)으로 구분한다는데 나는 어느 노인에 해당되는지 짚어보자.

노화에는 여러 가지 설이 있다. 단 1분도 없으면 살 수 없는 산소가 인체에 들어와 제 역할을 다하면 활성산소로 변하는데, 이 활성산소가 우리 몸 세포 노화의 주범이라는 것이다. 또는 세포 속에 죽은 찌꺼기가 쌓여 노화를 촉진한다는 설, 동맥이 경화(硬化)하여 탄력이 떨어져 신진대사가 활발하지 못하다는 설, 세포 속의 콜로이드가 수분을 흡수하는 친수성이 떨어져서라는 설, 증식하는 세포보다 죽어가는 세포가 많아져서라는 설, 과로 때문이라는 설 등이 있는데, 이런 원인들이 복합적으로 노화를 진행시키는가 보다.

통상 50세 정도가 되면 육체의 노화가 어렴풋이 느껴진다. 눈가에 주름살이 생기고 새치가 늘어나며 기억력이 전과 같지 않고 시력과 청력도 약해지며 점차 키와 몸무게가 줄어들면서 위와 폐, 장의 상태도 약해져간다. 이런 것이 노화의 자각 증상이다. 또한 내가 아니라 주위 사람들에게서, 특히 친구들의 얼굴에서 '나도 이렇구나' 간접적으로 느끼게 된다. 그럴 때마다 일단 '나는 아직 아니야' 부정하며 거울을 본다. 그리고 친구의 얼굴을 떠올려보며 이렇게 생각한다. '나는 친구보다 아직 싱싱하고 젊지 않은가!'

늙음을 부정하며 건강에 좋다는 음식을 찾고, 보약을 생각하며 불로장수를 가져다주는 약은 없는지 각종 건강 서적을 뒤지며, 좋다는 것은 머리에 담거나 메모를 한다. 운동이 노화를 방지한다고 하니 운동 우선으로 생활 패턴을 바꾸어보면서 등산에 나서고 수영장이나 헬스장도 가본다.

잡곡을 넣어 혼식도 하고 채소과 과일도 자주 먹는다. 즐겨하던 술과 담배도 끊으려 노력해보나 한 달 두 달이 지나도 외형에서 특별하게 달라진 성과를 느낄 수 없어, 작심 석 달로 자포자기하며 '나는 아직 건강하고 젊어. 나이는 숫자에 불과해' 자위하며 옛 생활로 회귀한다. '얼마나 살려고 먹고 싶은 것 못 먹고 왜 이 고생을 사서 하느냐! 짧고 굵게 살자.' 이런 자기기만으로 나태와 방심에 빠질 때가 많았을 것이다.

늙음을 잊으면 노망 든 것이요, 늙음을 탄식하면 추한 것이라고 했다. 늙음을 악착같이 부정하려 들지 말고 천리에 순응하며 참나를 발견하고 무리한 탐욕으로 심신을 괴롭히지 않으리라 편하게 마음 먹고 고아하게 완숙되어가면 좋겠다.

최초로 중국을 통일하고 만리장성을 쌓고 황제가 된 진시황이 불로초를 캐러 보낸 선남선녀들은 자기들이 먹고 불로장생하는 건지 아직 소식이 없고, 진시황은 거대한 사후 세계를 땅속에 만들어놓고 저세상에서 영생하며 권력과 영화를 실현하고 싶었으나 허황된 공상이 되고 말았다. 우리 중생들이야 더 말하여 무엇하리.

생로병사의 순리를 받아들이면서 초조하거나 당황하여 망동하지 말고 현재에 만족할 줄 알며 감사한 마음으로 살자. 아무리 발버둥 쳐도 그야말로 부처님 손바닥을 맴돌 수밖에 없는 것을! 머리를 염색하고, 얼굴에 생기는 기미도 성형외과에 가서 빼고, 좋다는 화장품도 발라보며 고가인 산삼도 먹고 유행하는 태반주사도 맞았으나 주름살은 늘고 눈은 어두워지며 머리털은 숱이 줄다가 낙지 머리 닮아감을 어이하리.

늙음에는 개인차가 많은데 아마도 그 사람이 환경과 유전, 문화, 섭생, 운동 등 다양한 원인 때문인 듯하다. 어떤 친구는 45세 나이에 정력이 떨어져 부인과 멀리 지내기도 하고, 40세에 돋보기를 써야 신문을 보는 사람, 60세에 보청기를 끼는 사람도 있다.

'사람은 늙어가는 것이 아니라 술처럼 익어가는 것'이라고 하였다. 지난날을 성찰하며 헛된 경거망동을 삼가고 대자연에 순응하며 경건한 마음으로 나를 잘 익혀 완숙하도록 하자. 남은 삶이 얼마가 될지는 모르나, 사회를 위해서 적으나마 보답할 수 있는 길을 찾아 봉사하고 의젓하게 품위를 지키며 하고 싶은 것을 즐기다가 큰 고통 없이 하늘나라로 가기를 빌어보자.

건강 장수는 종합예술

출생하고 성장하는 과정에 의식주, 자연과 환경, 미추에서 어느 하나 예술 아닌 것이 있으리오. 성공과 실패를 거듭하면서도 미와 선을 추구하며, 하루하루 세상을 아름답게 창조하면서 조화로운 예술 속에서 시간과 공간을 채워가는 것이 문화이자 삶이 아닐는지!

예술이란, 삶 자체이자 살아가는 방법이요 평생의 의무다. 다양한 요소를 조합, 융화하고 자아의식을 접목하여 창의적 예술을 만들어내며 새로운 감정을 끌어들여 사상과 영감으로 극대화하는 것이 삶이니 말이다.

좋은 집안에서 태어나든 혹은 비천한 가정에서 불우하게

태어나든 우리는 내 뜻과는 아무런 상관도 없이 어느 날 갑자기 어머니의 따뜻한 요람에서 "어서 나가라" 하며 삼신할머니에게 볼기짝 한 대 얻어맞고 엉겁결에 미끄러져 나와 고고성을 외치며 극치의 예술품이 되어 '출생'이라는 축복을 받으며 종합예술의 무대에 등장했다.

사랑이 깃든 할머니의 손에서 태어나든 시끌벅적한 산부인과에서 태어나든, 빈자 또는 부자의 자손으로 태어나든 우리는 연기(緣起, 인과 연이 서로 응하여 여러 법이 생기는 일)의 천생연분에 따라 살게 된다. 삶의 기본 욕구만 갈망하면서 자아의식이 없는 채 나의 선택이 아닌 타인의 의지에 따라 꼭두각시의 인형처럼 조종되어 먹고 자고 웃고 울며 정성스러운 어머니의 사랑으로 품어주고 불려주는 영혼을, 해맑은 미소로 받아들이다가 점차 기본 욕구만이 아닌 희로애락을 조금씩 표현하기 시작한다. 이때부터, 아니 그 이전에 이미 건강과 장수의 조화로운 종합예술의 일인극은 장엄한 징 소리와 함께 막이 올랐다. 예술은 선이자 사랑이며 영혼의 쾌락이고 희망이다. 광대의 연기력으로 화려한 무대에서 박수갈채를 받을 것인가! 보잘것없는 삼류 극장에서 초라하게 막을 내릴 것인가. 이미 연극은 시작되었다.

건강 장수는 부모의 DNA가 물려준 태생으로 시작되어, 양육의 질과 환경, 가정교육에 따라, 부모에게 의존하는 생장기를 어떻게 지났느냐가 매우 좌우한다. 유소청장로(幼少靑壯老) 어느 시기인들 건강 장수에 중요하지 않으리오마는, 어린 시기를 벗어나면 혈기왕성한 패기를 개성으로 드러내며 즉흥적 사고에 따르고 매사 간섭을 싫어하며 한 인간으로 권리와 의무가 무거워지는 때가 온다. 부모 덕에 여유로우면 방종하여 교사음일(驕奢淫佚, 교만하고 사치를 좋아하며 탐욕스럽고 방탕함)하기 쉬운 시기이다. 그러나 이 시기에 자기가 가진 존재가치를 인정하면서 무한대로 발전 가능한 제2의 출생으로 내가 나를 아름답게 조각하여 다듬고 빛내면 남성미를 드러내는 다비드상이 될 수도 있고 요염한 비너스상 또는 우람한 마애불상이 될 수도 있다.

수신제가(修身齊家)하며 신언서판(身言書判, 사람이 갖추어야 할 네 가지 즉 건강한 몸, 언어 능력, 학문, 판단력)으로 정직과 겸손으로 인격을 도야할 것인가! 비판적 성찰로 얼마나 자기관리를 하여 어떻게 예술에 도달할 수 있을 것인가? 이런 고민을 통해 화려하면서도 중후감이 있는 가치를 지향하여 보편적 최선의 방법을 모색해야 할 때다.

'예술은 도덕과 일치한다'고 하였다. 그러나 도덕적이지 않은 욕구를 만족시키려 타인의 배려를 의식하지 않은 채 극단적이고 이기적으로 살아가는 방식은 비판받아 마땅하다. 예술에는 완성이 없듯이 삶을 꾸준하게 연구하며 노력하면 행운의 여신이 가까이 올 수도 있으나 혹독한 시련기가 올 수 있다. 고통을 겪는 시기에는 이런 각오와 함께 고통을 더 전진할 수 있는 기회라 여기고 최선의 길을 선택하여 자아를 완성해가는 첩경으로 여겨야 할 것이다.

연단되지 않는 강철은 없으며 로마는 하루아침에 이루어지지 않았다. 이런 걸작이 장구한 연륜으로 혼신을 다하여 빚어졌듯이 주어진 환경에서 새로운 꿈을 향해 지렁이 기어가듯 나를 격려하며 내가 최고로 만족할 수 있는 심미안(審美眼)으로 불후의 명작을 만들어보자. 때로는 각고정려(刻苦精勵, 애를 쓰고 정성을 다하다)하여 얻은 황홀하고 짙은 낭만의 묘미라는 가치를 창출할지도 모르니.

유수에 실려 연륜을 쌓으며 달아나듯 또 도망가듯 뛰다 보면 새치가 나부끼고 시력과 청력이 떨어지며 인생무상을 실감하게 된다. 걸작은 꿈이 되고 미완성된 졸작들이 괴롭히나 아직 포기는 이르다. 참되고 아름다운 예술은 살아온 내내 쌓고 경험한 새로운 감정들을 표현하려고 하는 내면적인 영혼의 욕망이 아닐까! 마지막까지 나를 성찰하며 생명의 불씨가 있는 날까지 참예술에 열정을 다 해보자. 다빈치나 괴테처럼.

칸트는 "예술가는 천재"라고 하였다. 둔재인 내 자신을 스포트라이트로 관조해보며 희극도 비극도 아닌 클라이맥스에 열광의 박수를 받지 못하였지만 조연으로 조소받지 않은 것만으로 만족하며 노자(老子)의 말 "지족지족이면 상족의(知足之足常足矣, 만족할 줄을 알므로 만족하게 살면 언제나 만족하게 살아갈 수 있다)"를 다시 한 번 음미해보며, 못다 이룬 중후한 걸작은 하늘나라에 가서라도 완성해보자.

건강을 잃으면 다 잃는다

젊은 시절 체력 관리는 무병장수를 누릴 수 있느냐 없느냐를 가르는 중요한 관건으로, 충실한 체력 관리는 장수로 귀결된다. 음주, 흡연, 운동 부족, 영양 불균형, 스트레스, 환경오염 등 건강을 해치는 것이 너무나도 흔하므로 건강한 육체를 유지하는 것이야말로 종합적이고 조화로운 창조적 자기 예술이라 할 수 있다.

무엇이든 그렇지만 건강 역시 사람들이 자기가 가능하다고 생각하는 만큼 건강해질 수 있다고 본다. 건강한 몸은 개인의 책임이라는 의식으로 지속 가능한 발전을 위해 관리해야 할 것이다. 인생만사가 뚜렷하고 확고한 신념과 목표 의식에 따라 최선을 다할 때 이룰 수 있는 것처럼 건강도 예외일 수 없다. 꿈은 이루어진다는 평범한 진리가 여기서도 적용된다.

치열한 생존경쟁에서 낙오자가 되지 않으려고 건강 따위를 챙길 만한 여가는 사치로 여기며, 내일 병이 온다 해도 오늘 다급한 일들을 뒤로 미루지 못하고 쫓기며 살아온 팍팍한 청춘의 삶이었다. 내 몸을 타의에 맡기고 불철주야 노예처럼 희생하며 싫어도 술을 마시고 담배를 피우며 때로는 처자식이 그리운 밤샘 근무도 하고 아부하며 싫으나 좋으나 좋은 척 웃음 지으며 생존해야 한다는 스트레스를 받으면서도 내 건강 따위는 돌볼 겨를이 없이 살아왔다. 치열한 생존 과정에서 나를 잃어버리고 능력 있는 남편이자 모범 사원으로 또 좋은 아빠로 사회에서 인정받으며 낙오되지 않으려고 불철주야 뛰며 살아왔다.

이제 늙고 볼품없으며 할 일 없고 연약해진 황혼기의 초라한 모습으로 황야에 버려져 고독한 내가 되었다. 이제부터라도 제2의 인생을 맞아 살아가기 위해 그동안 혹사했던 나를 포용하고 사랑하고 아끼며 여유로운 많은 시간을 생활의 활력을 찾기 위해 투자하자. 그렇게 젊었을 때 못다 한 꿈들을 찾아 보람차고 알뜰한 여생을 위해 노력해야 여명(餘命)을 황금기로 행복하게 살 수 있다.

50~60대가 되면 건강을 챙기려 하지만 이미 늦은 경우를 주위에서 허다하게 본다. 고혈압과 당뇨 등 대사성 질환과 노화로 오는 각종 질환은 평생 동거하며 살아갈 수밖에 없는 일이 많다. 후회스럽고 억울하고 분통 터질 일이지만 이제부터라도 내 건강은 내가 찾는다는 확고한 신념으로 '건강을 잃으면 전부 잃는다'는 철칙을 각인시켜 무엇을 취사선택해야 할지 전문의와 의논하는 것이 필수다.

귀동냥으로 나도 알 것은 다 알고 있다는 자만심은 버리고 권위 있는 의사들이 펴낸 책도 열심히 보아야 한다. 운동을 열심히 하여 건강한 몸이 되는 것은 최고의 재테크 수단이 된다는 사실을 명심하자. 무식하고 무지하면 장수할 수도 행복할 수도 없으니 지혜로워져야 한다. 무엇이 나를 건강하게 하고 무엇이 나를 해치는지 지적 수준을 높여가며 사(私)와 정(正)을, 또 미신과 과학, 선과 악을 분별하는 힘을 키워야 한다.

아직도 우리 주위에서는 19세기의 사고로 영의 세계니 무슨 비법이니 무슨 병의 특효약이라느니 수술 않고 완치할 수 있다느니 모리배들이 수단과 방법을 가리지 않는 유혹의 함정을 파놓고 있는데, 거기에 빠져들지 않으려거든 지식 축적밖에 다른 방법이 없다. 출처 불명의 건강식품이라고 파는 호객 행위에도 기만당하지 말자는 것이다.

건강은 어려서부터 부모가 주의 깊게 관찰해야 하지만 세심한 관리가 쉽지 않음을 우리는 이미 잘 알고 있다. 영양사처럼 세밀하게 관찰하고 따질 수야 없지만 편식이나 과식으로 우리 아들딸에게 무서운 결과가 올 수 있음을 알면서 남의 집 개 보듯 방관할 수 있으랴!

만병의 원인인 비만에 걸린 어린이가 열 가운데 셋이라니 누구의 책임인가! 어린이 식성을 방치하여 패스트푸드나 탄수화물 계통, 탄산음료와 동물성 지방을 과다하게 섭취하여 생긴 비만에 운동량마저 부족하니, 고혈압, 당뇨, 고지혈증을 어려서부터 가지고 살게 만든 부모들의 책임이다. 그 후유증의 무서운 결과를 알면서도 그대로 두고 볼 것인가! 이것은 어른들의 큰 과오며 직무유기라 할 수 있다.

나의 건강은 나 한 사람의 것이 아니다. 가장에 아버지로, 남편으로, 자식으로 한 가정의 행불행을 결정짓는 중책으로 살아가고 있음을 명심하여야 한다.

지금도 개나 염소, 사슴 등 한 마리를 통째 탕으로 만들어 놓고 먹는 사람들이 있다. 영양 보충 목적으로 조금씩 먹을 수는 있겠지만 머지않아 "고지혈증에 고혈압, 당뇨입니다" 하는 의사의 진단이 틀림없이 나올 것이다. 노당익장(老當益壯, 늙을수록 더욱 기운을 내어라)으로 늙어도 기백을 더욱 굳세게 하여 장수하면서, 병석에 누워 죽지 못해 재앙으로 사는 삶을 미리 막아야 한다. 음식을 골고루 적당량을 섭취하고 꾸준한 운동은 절대적으로 필수다. 마음을 비우고 상수여수(上壽如水, 백세의 장수를 하려거든 물 흐르듯이 순리로 살아야 한다)로 오래 살고 싶거든 흐르는 물처럼 순리에 거스르지 말고 살아야 한다. 생로병사는 천리(天理)이니 아무리 발버둥 쳐도 조금 더 건강하고 조금 더 살 뿐이다. 과욕 부리지 말고 남을 배려하며 아량을 베풀면 내 영혼이 행복하며 기쁨으로 큰 정서적 보상을 받을 수 있으니 '한세상 잘 살고 가노라' 미소 지으며 떠나면 좋겠다.

어른들이여, 도전하구려

인류의 역사는 꿈을 현실로 바꾸려는 도전자가 남긴 발자취다. 도전자가 리더가 되고 선구자가 되었으며, 과학자, 예술가, 정치가가 영웅이 되어 찬란한 문화를 이끌어왔다. 그러기에 인생은 도전이며 투쟁이라 하던가!

도전하여 실현할 때까지 많은 고난을 겪게 되는데, 그리하여 시간과 불굴의 혼신과 열정을 쏟은 대가만이 화려한 결실에 도달할 수 있다. 인생의 3막에서 거창하게 영웅적인 허황한 도전이 아니라, 앞으로의 여생이나마 가치 있는 황금기로 가꾸어 무료함에서 탈출하고, 정력을 쏟아 창조해가는 자부심으로 노령을 보람되고 아름답게 장식하여 보자. 자기

혁명을 꿈꾸며 현실로 실현하고자 노력하면 청춘이고, 그러한 욕망이 없다면 걸어 다니는 고깃덩이에 지나지 못할 것이다.

안일한 타성의 습관에 젖어 지금에 안주하려 할 뿐 자기를 개혁하고 도전하는 일은 혁명적 발상이 아니고는 작심삼일로 포기하기 십상이다. 할 수 없다고 말하는 사람이 성취할 수 있는 것은 아무것도 없다. 그러나 도전하겠다고 말하는 사람은 불가사의한 일까지도 이루어낸다고 하였다. 늙으면 뇌도 노쇠하여 아무것도 할 수 없을 것이라며 자포자기해 스스로를 무능한 폐인으로 결박해놓고 아예 도전할 의지마저 잠재운다. 그래도 고스톱을 칠 때면 안광을 번뜩이며 재빠른 손놀림과 계산도 10원 한 장 틀리지 않게 능숙하며 젊은이 뺨칠 정도다. 미국 오하이오 대학 교수들이 10대 청소년과 대학생, 대학교를 졸업한 성인 60세부터 90세까지를 대상으로 컴퓨터 모니터에 정보를 순간적으로 보여준 뒤에 그 정보를 적어보게 하였더니, 노인과 젊은 사람들이 큰 차이가 없었으며 정보처리 속도와 정확도 역시 비슷하였다고 한다.

젊어서는 처자식 먹여 살리려고 감히 새로운 생활 패턴을 바꾸고 싶었으나 경험도 없이 경거망동하다가 쪽박 차고 노숙자 신세 될까 봐 조심조심하며 살얼음판 위로 걸어가듯,

고지식하게 외길만 걸어왔다. 누구나 같은 처지는 아니겠지만 생활 기반이 좀 여유로워 경제와 시간이 허락된다면 젊어서 머뭇거리고 망설이던 일들에 과감하게 도전해보자. 여생을 보람되게 살면서 주어진 여건에 맞게 배우며 성취를 통해 내면적 변화의 행복을 찾아보자는 것이다.

지금은 예순이면 청춘인데, 50여 세에 퇴직이라니 싫으나 좋으나 퇴직 후에 30~40년을 살아가야 한다. 경제적인 문제와 소일 문화에 새롭게 도전하는 것은 선택이 아니라 필수다. 지금부터라도 새로운 사고방식과 행동 방식에 따라 과감하게 도전하여 쌓아온 경험과 노하우로 여명(餘命)의 파라다이스를 향해 혼신을 다하면 기대 이상의 성과에 미소 지을 것이다.

필자는 56세에 공인중개사 5회 시험에 도전하여(격년으로 전국 2,000여 명 모집) 200 대 1의 상대평가에 합격한 뒤 26년간을 황금기로 보낼 수 있었다. 한자로 된 많은 법률 책을 보고 지레 겁먹고 도전을 포기했다면 그 팔자에 묶여 살았을 것이다. 또 3년 전에 구경차 복지관에 들렀다가 시 수필반이 있어 반기지 않은 어색한 분위기에 용감하게 도전했다. 작년 8월 말에 백일장에 도전하여 장원의 팡파르를 울렸다.

주위에서 무료하게 살면서 오늘 하루를 어디서 무엇을 하며 보낼까 고민하는 늙은이들을 많이 본다. 전철 타고 자리

다툼이나 하면서 젊은이들에게 잉여인간이라는 냉소를 받으며 생명을 낭비하고 있다. 사지 멀쩡하고 정신도 온전하여 신문도 잘 본다. 무엇을 못하는 것이 아니라 안 하는 게으름뱅이들이다. 이제 배워 어디에 써먹느냐는 것은 게으른 자가 내놓는 자기합리화의 변명이다.

이따금씩 나도 저걸 좀 배워보았으면 하다가 내 처지에 내 실력에 내가 감히 독백하며 체념할 때가 있었으리라! 이제 그 기회가 왔다고 환호성 지르며 불치하문(不恥下問)으로 자식과 손자에게 물어서 이 시대의 첨단 정보 보물인 컴퓨터도 배워보자. 파고다 공원 뒤에 낙원상가에 가면 다양한 악기가 즐비하며 중고 악기도 있고 초보자 배울 곳도 알선해준다. 전통 악기를 배워 고아한 풍류를 즐기면 신선이 따로 없을 것이다. 윤중수 화백은 100세 나이에 "나만의 시간을 가장 소중하게 아끼고 간직하려 노력한다"라고 하며 화실에서 붓을 잡아 전시회 준비 중이란다.

오늘 용기를 내어 지금 당장 첫 걸음으로 시작하자. 톨스토이는 "세상에서 가장 중요한 때는 바로 지금"이라고 하였다. 도전하여 자신감과 적극성으로 남은 생애를 멋지게 완성하여 "나 열심히 살았노라" 웃으며 떠나자. 신은 노력한 자를 배반하지 않는다.

한자도 우리 글

　우리 글도 아닌 어려운 한자를 지금 무엇 하러 배우고 가르쳐야 할까. 이렇게 반문하는 사람들은 젊은이거나 한자를 배우지 못했거나 혹은 한자의 학문적 가치와 효용성을 알지 못한 사람들일 것이다. 한자교육이 시급한데 20퍼센트도 안 되는 사람들이 한글 전용을 주장하며 한자 배척 운동을 하고 있으니 통탄스러운 일이 아닐 수 없다.

　우리나라에 한자가 들어온 때는 확실하지 않다. 중국 은 나라 때(기원전 1200년) 기자가 가져왔다는 기록이 있으나, 기자는 이 땅에 오지도 않았으니 사대주의 역사가들의 발상으로 날조된 기록 같으며, 한자는 그 이전에 자연스럽게 유입

되었으리라 보고 있다.

최근 베이징 대학 학술대회에서 진태하 교수가 '대한민국이 한자의 발원지'라고 발표하여 청중의 박수갈채를 받았다고 한다. 콧대 높은 중국인들이 근거 없는 망언이라면 박수는커녕 강단에 서지도 못하게 하였을 것이다. 고증과 역사적 진실이 더 밝혀지고 과학적으로 공인될 수 있는 물증이 많이 나오기를 기대해본다.

우리나라에서 한자를 사용한 지 3,000여 년이 지났는데, 한글과 한자를 두고 굳이 우리 글인지 남의 글인지 다투며 옹호하고 배척해야 할까! 한자는 우리 글로 고착되어 문화의 근간으로 정치부터 경제, 교육 등 모든 학문의 용어가 한자 어휘로 되어 있으며 수십만 권의 우리 보물이 빛을 발휘하지 못하고 쌓여 있다.

'한문'과 '한자'는 구별된다. 한문은 옛날에 서당에서 가르친 『천자문』과 사서삼경 등 중국에서 들어온 원문으로 정형화된 문법으로 구성되었으며 십여 년을 매달려 공부해도 문리(文理)를 터득하기 어려운 학문이다. 2만여 자를 알아야 어느 정도 이해할 수 있는 고전 연구자들이나 볼 수 있는 학문이며, 현재 중국에서도 상용한자를 간체로 만들어 쓰는데 그 상용한자가 3,000~4,000자 정도 된다고 한다.

한마디로 한문을 배우자는 것이 아니고 상용한자를 배우

자는 것이다. 왜 한자를 가르치고 한글과 혼용해야 하는가?
첫째, 한자는 몇천 년 배우며 쓰고 닦아 기록해온 우리 문화
이며, 우리말의 70퍼센트가 한자어이기 때문이다. 둘째, 상
용한자는 2,000자 정도만 배우면 조어와 축약, 응용력이 뛰
어나서 단어 40만 개가 신속하게 이해된다. 셋째, 역사, 정치,
경제, 철학, 법학, 예술 등 전문 서적들이 한자어로 되어 있
다. 넷째, 3~4세부터 한자를 가르치면 좌우 뇌가 발달하여
영재 또는 천재가 될 수 있다는 사실이 일본에서 연구 발표
되었다.

상용한자 1,800자 정도만 알면 전문 고급 어휘를 이해하
고 웬만한 서적을 볼 수 있으며, 3,000자 정도를 알면 법전
이나 철학, 경제, 논설문의 문장도 쉽게 터득할 수 있다. 한글
전용자들이여! 우리 헌법 한 페이지만 읽어보구려. 한자 용
어 빼고 신문 사설 한번 써보구려. 걸작이 될 것이외다.

대학에 가려면 영어 단어 5,000개 정도를 6년여 동안 외
워야 한다. 한자는 학교 입학하기 전에 1,000자 정도 가르치
면 평생 동안 어휘력을 활용할 수 있고, 마중물로 한문을 좀
더 배우면 무궁무진하고 심오한 우리 고전과 동양의 역사,
철학, 문학 등 사서육경과 제자백가의 주옥같은 경전을 익
힐 수 있고, 금상첨화로 정인심(正人心, 자신의 마음을 바로잡는
다)의 학문을 통해 영혼의 희열과 자긍심으로 참행복을 느낄

것이다. 그리하여 『논어』 첫 장에 "학이시습지 불역열호아 (學而時習之 不亦悅乎, 배우고 그것을 때때로 익히면 또한 기쁘지 않겠는가)"라고 하였다.

그동안 한글 전용 때문에 학생들의 학력이 퇴보되어 대학 졸업 후에도 고급 서적을 보지 못하여 독서 인구가 점점 줄어들어 국민의 수준이 실질문맹으로 퇴화되어가고 있다니 안타까운 일이 아닐 수 없다. 한자를 사대주의적 문자라고 폄훼(貶毀)하는 것은, 글로벌 시대에 소아병적 사고방식이다. 미국이나 유럽 사람들이 이집트 근방에서 생겨난 알파벳을 쓰면서 사대주의나 수입어라고 배척한 역사가 있었던가!

유럽을 지배한 로마 문자도 로마인이 만든 것이 아니고 페니키아에서 빌려왔고 페니키아는 수메르 문자에서 가져온 것이라고 한다. 자기들 편리한 대로 변형, 발전시켜 자기 글과 자기 말로 만들어 정치, 경제, 산업, 군사, 예술, 의학, 철학, 종교까지 세계를 지배하며 첨단 문화의 꽃을 피워가고 있지 아니한가! 왜 수입된 영어는 사대주의라고 폐지하란 말이 없단 말인가!

중국은 1840년에 일어난 아편전쟁에서 같은 인간으로 인정하지 않고 오랑캐로 여긴 서양에 패하는 수모를 당하고 그 원인이 난해한 한자 때문이라고 문자 탓하며 표의문자로 된 국어 자체를 바꾸려고 하였으며, 청의 대신 이홍장은 한글 수입을 검토하기도 했다. 청나라 말기부터 모택동까지 수십 년을 연구하고 노력했지만 결국 실패하고 지금은 상용한 자를 간체로 변형시켰으며 지금은 세계 경제 대국이 되었다.

일본에서도 패전 후에 패전 원인을 한자로 여기고 로마자를 사용하자며 한자 폐지 운동을 하였지만, 지식층과 국민들이 '정확하고 간결하고 기억하기 쉽고 무한한 활용도로 경제적인 문자'라고 반대한 바 있다. 일본 역시 백제가 전해준 한자를 포용하고 발전시켜 표음문자인 '가나'를 혼용하며 서양 문물을 받아들여 동양 최대의 선진국이 되지 않았는가! 그들은 표의문자와 표음문자의 혼용이 창의성과 자기계발의 초석이 되어 선진화의 밑거름이 되었다고 자인한다. 텔레비전에서 일본 초등학교 3학년 교과서가 거의 한자이며 토만 가타카나로 되어 있는 것을 보고 깜짝 놀랐다. 그들의 문화 수준이 높은 이유를 알 것 같았다.

세계적으로 자랑할 만한, 우수하고 위대한 문자인 우리 한글을 폄하하는 것은 절대 아니다. 다만 우선 혼용의 묘와 창의성 개발로 문화를 향상시켜 백년대계의 토대를 구축하자는 것이다.

한글 전용의 오류와 허점으로 이의동음(異義同音, 뜻이 다른 같은 소리)인 단어가 많은 것을 생각할 수 있다. 예를 들어 '사기'라는 한글 단어에 士氣, 史記, 詐欺, 事記, 邪氣, 私記, 死

期, 社旗 등 20여 개가 있는데, 한자를 보면 즉시 알 수 있으나, 한자를 모르면 위아래 문맥을 짚어보고, 그래도 모르겠으면 사전을 찾아야 그 뜻을 겨우 알 수 있다.

어르신들이라도 청소년들에게 한자를 가르쳐야 한다. 논술을 보아도 한자어를 배운 학생들이 표현력과 논리 전개력이 우수할 수밖에 없으며, 특히 사법고시나 행정고시를 볼 때에는 한자어를 모르면 꿈도 꿀 수 없다. 초등학교에서 한자를 조금씩 가르치고 있다니 그것만으로도 다행이라고 생각한다. 한자를 가르쳐 인성과 창의성을 함양시키고 국가의 동량으로 키우는 데 일조하기를 간절히 바란다.

성을 어쩔 것인가

조물주는 동물 중에 유일하게 우리 인간에게만 생식 이외의 '즐기는 성'을 주었다. 남녀가 사랑을 속삭이며 행복을 추구하는 것은 지극히 정상이며 자연적인 현상으로, 성욕은 가장 솔직하고 본능적 욕구로 국가와 가정, 사회 구성의 핵심 요소라 하겠다.

규칙적이며 알맞은 성생활은 심장과 폐를 튼튼하게 하고 전립선도 보호하며 스트레스를 해소하고 긍정적 안정감을 주어 삶의 질을 높이며 장수에 중요한 역할을 한다고 한다.

남녀가 가정을 이루면 사랑으로 승화되고 결속되며 2세의 출현으로 더욱 안정된 환희의 안식처로 가는 희망이자 행복의 근원이라 하겠다. 그래서 예로부터 "이성지합은 만복지원이며 생민지시(二姓之合 萬福之源 生民之始, 두 성이 결합하여 사는 것은 모든 복의 근원이며, 백성들의 낳고 자람의 시작이다)"라 하였다. 성적 욕망의 배후에는 자신에게 맞는 짝을 찾아 번식하려는 진화 압력이 작용한다고 하며 번식 진화의 수단으로 여겨진다. 표현의 차이일 뿐 고금과 동서양을 막론하고 행복한 사생활의 기본임에는 틀림이 없나 보다.

여성의 고고한 순결과 정절은 현모양처의 여성상을 통해 출산과 자녀교육의 초석이 되어왔다. 유교 사상에 남존여비 개념이 있으나, 유교의 황금기라 할 수 있는 조선시대를 보면 서민들의 표준이 되는 사대부의 생활상에서 내(內)와 외(外)의 맡은바 책무가 확연히 달라 서로 분담된 역할을 존중하였으며 일방적 독선으로 맹종만을 고집하며 성을 향락의 수단과 도구로만 여긴 것은 아니었다. 이렇듯 성은 서로 사랑하며 은근하고 둘만의 비밀스러운 곳에서 서로 존중하며 애정 표현의 극치로 순수한 혈통을 이을 수단이다.

심리학자 프로이트는 어려서부터 성 충동을 느끼며 부모를 첫 이성으로 여긴다고 했다. 즉 아들은 엄마를, 딸은 아빠를 대상으로 한다는 것이다. 성에 대한 호기심은 어려서부터 본능으로 잠재의식이 있나 보다. 서양 문물이 범람하고 풍요의 부작용으로 전통문화의 윤리 도덕이 일부 피폐해지고, 그

중 한 단면인 성의 노골화와 상품화, 정조의 경시 풍조가 만연하여 순결과 정조의 덕목은 점차 사라져가는 것 같아 아쉬울 뿐이다.

영상 문화에서는 기업의 이윤 추구를 위해서 수단과 방법을 가리지 않고 혹은 예술성이라는 명분으로 포장하여 성을 노골화했고 그 결과 사춘기 청소년에게 호기심을 유발해 성추행, 성폭력 등 성범죄자들이 날로 증가 추세에 있으니 상인들의 모리배적 상술과 성인들의 무관심이 성범죄 교사와 방조의 원인이 아닐까!

남녀공학인 중고등학교에서는 교사가 민망할 정도의 난잡한 짓을 하는 학생들을 통제하지 못하고 있다니 학생들을 바르게 가르치는 교권이 무너져가는 교육정책을 바로잡을 책임은 누구에게 있는 것일까! 진정한 백년대계를 위한 교육은 누가 어떻게 세우며 당국이나 어른들은 수수방관하며 불구경만 할 것인가?

성생활의 정력은 개인차가 있지만 사춘기부터 강해지다가 20여 세가 지나면 조금씩 약해져 40~50세가 되면 성욕이 감퇴되는데, 이런 진행이 일반적인 생리현상이란다. 65세 이상에서 66퍼센트가 성생활을 하고 있다고 한다. 건전한 식이(食餌)와 적당하고 꾸준한 운동과 부부의 애정 어린 화합과 정신건강으로 스트레스를 줄이며 흡연과 과음을 하지 않으면, 강약과 횟수의 차이는 있겠지만 70~80세까지 성생활을 할 수 있으며 은퇴라는 일은 있을 수 없다는 것이 전문가들의 통설이다.

조선 초기 학자 홍유손은 76세에 아들을 낳고 99세까지 살았으니 건강과 성생활은 밀접한 관계가 있는 듯하다. 『동의보감』에도 "욕다즉손정 구능절정 가득장수야(慾多則損精 苟能節精 可得長壽也, 성욕이 지나치면 정기를 상하게 하고 성생활을 적당하게 조절하면 장수할 수 있다)"라고 하였다. 외도하며 지나치게 음탕하면 건강 장수에 좋을 리가 없다.

남성의 성기 내부는 스펀지 같은 해면체로 이루어졌는데 그 해면체가 미세 혈관으로 이루어져 혈액이 팽팽하게 채워지고 빠져나가지 않는 상태가 발기며, 혈액이 썰물처럼 빠져나가면 고개 숙인 성기가 된다. 발기와 성행위의 메커니즘은 중추신경계의 작용과 생리적으로 복잡하고 미묘하다. 청소년기에는 그림만 보아도 성 충동을 일으켜 발기되지만 50~60대가 되면 모든 기능이 퇴화해가는데 성기능도 예외일 수 없다.

어떤 고령자들은 생리적인 현상에 순응하는 대신 갖은 수단으로 회춘을 갈망하며 정력에 좋다면 물불 가리지 않고 속설이나 미신, 검증되지 않는 광고 따위의 유혹에 집착하여 뱀, 해구신, 자라, 웅담, 산돼지, 사슴 피 등 닥치는 대로 먹어대니 그 많던 뱀도 이제 찾아볼 수 없게 되어 자연의 먹이사슬이 끊겨 환경 파괴의 주범들이 되었다.

기초적인 교육도 갖추지 못한 채 찌든 가난을 벗고자 수단과 방법을 가리지 않고 일념이 오직 부의 창출로 매진하여 어느 정도 목적을 달성하자 이제 여생을 좀 멋있고 화려하게 살고픈 시절이 되었다. 그래서 젊어서의 꿈을 실현해보고 싶은 것이 원초적인 욕망인 로맨스 그레이일 것이다. 그러나 정력의 쇠퇴로 여의치 않으니 친구들의 권유나 속설에 따라 거금을 투자하는데도 주저함 없이 건강을 망치는 실수를 저지르는 것은 무지의 탓이라고 볼 수밖에 없다.

발기부전 치료제가 혈관확장 작용을 하여 음경의 해면체에 있는 혈관을 확장시켜 발기된다는데, 성기의 해면체에만 선택적으로 확장 작용을 하는 것이 아니라 몸 전체의 혈관을 확장시키기 때문에 생각지 못한 문제가 있다. 만약에 고혈압이나 동맥류, 동맥경화가 있는 사람이 이 약을 함부로 먹고 성행위를 한다면 어떻게 될까! 매춘이나 비정상적 이성을 은밀하게 만나 설부화용(雪膚花容)의 요염한 자태의 황홀경에 빠져 극도의 흥분 상태가 되면 어떤 일이 벌어질까. 호흡이 촉박하고 심박수가 증가하여 생리작용과 약리작용 때문에 흥분 상태가 최고조에 이르고 혈압이 급격하게 오르면 약한 혈관이 터져 뇌출혈로 이어져 급사하든지 중풍환자가 될 수밖에 없을 것이다.

우리 동네의 유명한 산부인과 의사도 그 약 먹고 젊은 여성의 배 위에서 황홀경에 죽었다. 이른바 복상사로, "그런 죽음은 얼마나 행복한 죽음이냐! 나도 그렇게 갔으면 좋겠다"고 늙은이들이 농반진반 입방아로 비아냥댄다. 산부인과 의사인데도 날마다 만지고 보는 것만으로는 부족하였나 보다고!

백발의 노부부가 두 손 꼭 잡은 채 산책하는 우아한 모습을 보면 젊은이들에게서 느끼지 못할 안정감에 더욱 신선한 정신적인 에로티시즘을 느낄 수 있어 박수라도 보내고 싶어진다. 다정다감으로 승화된 사랑이 더욱 오래도록 행복하기를 축원하고 싶은 것은 왜일까? 따뜻한 포옹과 입맞춤과 손길의 어루만짐이 스킨십의 육체적 쾌락이 아닌 정신적 환희를 안겨준다. 상호 존경하며 포근한 사랑의 포옹으로 여생의 낙원을 만들기 위해 서로 노력해야 하지 않을까!

성만이 인생 최고 행복의 조건이 아니다. 프로이트는 성의 유아적 요소를 제어하지 못하는 사람은 성도착증이 되고, 성을 억누른 사람은 노이로제가 되며, 충동을 의미 있는 영역으로 돌려 고귀하게 승화한 사람은 위대한 업적을 이룰 수 있다고 하였다.

건전한 취미의 개발과 학습으로 지금까지 가져보지 못한

학문의 도량(度量, 너그러운 마음과 깊은 생각)에서 새로움을 깨달아 성취의 쾌락과 자긍심을 가져보시라.

명당의 허와 실

우리나라에서는 유독 명당을 전통문화인 양 계승하고 일부에서는 종교처럼 신봉해오고 있다. 좋은 자리라면 거금을 아까워하지 않고 투자하며 비석 상석 등을 세우고 호화롭게 치장하며 위선사(爲先事)를 효도의 한 방편으로, 또는 나도 양반입네 하며 권세와 부를 과시하는 수단으로 여기는 사람들이 많은 것 같다.

명당에 대부분 반신반의하면서 확신을 가진 사람들은 그리 많지 않다. 명당 문화를 보고 들으며 성장해온 70~80대, 특히 시골에 사는 노인들은 긍정적이며 흥망성쇠와 길흉화복이 명당으로 좌우된다고 지금도 믿고 있다. 그러나 젊은이들은 교육 수준이 높을수록 부인하고 부모들이나 집안 어른들의 명을 거스를 수 없어 마지못해 순종할 따름이다.

외국에 없는 명당설이 왜 우리나라에서만 계승되어왔는지 논문이나 학설 등에 무지하여 무어라 시시비비를 분명하게 논증할 수 없어 안타깝다. 고려에서는 옥룡자 도선대사가 유명하고, 조선에서는 무학대사가 터를 잘 잡아 왕업을 잘 이어왔다고 믿어왔다.

어려서 어른들의 이야기로 '옛날 어느 곳에 어디에다 명당을 써서 부자가 되었으며 고관대작이 나왔다'는 동화 같은 이야기를 들으며 사실로 받아들였고, 동심에 우리는 어느 때 명당 자리에 묘를 쓰고 부자가 될 수 있을까 동경하기도 하며 자랐다. 그런데 머리 굵어지면서 의구심을 가지기 시작하여 고전을 많이 연구한 학식 높은 저명인사들에게 기회가 있을 때마다 명당을 문의하면, 긍정적 사고를 가진 사람들은 거의 없고 황당무계하고 혹세무민하며 허무맹랑한 미신으로 논할 가치도 없다는 것이 대부분이었다.

독립유공자이자 동양고전 학자이신 신태윤 종조부는 내가 제일 존경한 스승이다. 종조부께서는 명당설이 옛날 중국에서 나왔는데 '돌아가신 부모를 아무렇게나 들이나 산에 버리니 산짐승이나 개들의 먹이가 되는 것을 보고 안타까워, 그런 폐단을 없애기 위해서 처음으로 명당설을 정립했다'는 설이 있다고 하시며 명당을 부인하셨다.

우리나라의 문물이 대부분 중국의 영향을 많이 받은 것이 사실인데, 중국에서 명당의 매장문화를 장려한 부분은 『예기』나 『춘추』, 『사기』뿐 아니라 사서삼경 어디에서도 보지 못했다. 또 광활한 평야 지대에서 좌청룡 우백호(左靑龍 右白虎) 전저후고 배산임수(前低後高 背山臨水)를 찾으려면 서쪽이나 북쪽 몇백 몇천 리 밖에 자기들이 오랑캐 땅이라고 여긴 곳에 선영을 모셔야 할 수밖에 없었는데 그 일을 할 수가 없었을 것이다.

대개 풍수들은 어디는 장군지지로 장군이나 현인 몇 사람 나올 곳이네, 정승 판서 나올 명당이네, 천석 할 부자가 나올 명당이네 하며 침이 마를 정도로 설교를 한다. 그런데 젊은 사람들이 그런 말을 들으면 "그런 자리 있으면 자기가 쓰지 왜 꾀죄죄한 몰골로 밥 얻어먹으며 돌아다니나" 비아냥거린다.

명당설대로라면 우리나라에서 세계를 제패할 만한 장군이나 성현이나 과학자, 노벨상 수상자나 대문호가 많이 나왔어야 옳다. 필자는 18개국을 여행 다니며 명당의 진위가 의심스러워 묘나 봉분들이 있나 없나 관심을 가지고 살펴보았다. 그러나 우리나라처럼 산림을 훼손하며 묘를 만든 곳을 아직 한 곳도 발견하지 못했다.

미국처럼 큰 나라도 산림훼손을 막으려고 마을 주위에 조그마한 공동묘지를 허가하여 어떤 사람들은 한 묘혈에 층층으로 몇 대를 묻는다. 아버지를 명당에 잘 모셨기에 공자나 석가, 예수, 칭기즈칸, 셰익스피어 등 위대한 사람들이 태어났단 말인가!

풍수들은 이런 말을 들으면 우리나라는 동양이고 땅 형세가 그렇다나, 음택(분묘)이니 양택(사는 집)이니 손가락 구부렸다 폈다 하며 음양오행이 어떻고, 순세니 역세니 시시비비로 길흉을 따지고 육갑을 더듬거리며 신령스러운 영험을 가진 양, 무당들 비슷하게 떠들어댄다. 구학문을 읽었을 테니 사서삼경을 남긴 제자백가 등 성현들이 명당자리 잘 잡아주어 백성들을 태평성대하게 해주었는지 묻고 싶다.

우리나라는 중국에 조공을 바치며 직간접으로 간섭과 지배를 받아왔다. 고려시대 도선이나 조선의 무학대사가 좋은 명당을 많이 썼으면 중국의 영향권에서 벗어나 당당한 자주독립 국가가 되고, 일본에게 늑약과 침탈을 당하지 않고, 미소가 나라를 두 토막 내고, 한때 세계에서 두 번째 가난한 나라가 되지 않았어야 옳다.

나와 동문인 풍수는 풍수과 강사인데, 자칭 국풍으로 고관대작들의 선영 관산(觀山)을 하려면 나무가 우거져 걸어서 갈 수 없기 때문에 준비해준 헬리콥터 타고 다니며 관산하는데 천여만 원 받는다고 자랑하는데 이 얼마나 쓸모 있는 일일까?

　옛날에는 벼슬 못한 서민이라면 아무리 부자라도 향교의 승낙 없이 감히 비석을 세우지 못하였다. 뼈 맺힌 한을 풀기라도 하듯, 자기들 멋대로 종2품 이상이어야 세울 수 있는 신도비인지 묘비인지 규격도 무시하며 비문에는 선조의 없는 공적도 날조하여 크고 웅장하게 세워 돈 자랑하는 것이 금석 문화의 현주소다. 전통을 지키되 시대의 조류에 따라 보편타당하며 합리적이고 긍정적이며 현세대의 가치 기준에 공감할 수 있는 매장문화로 바뀌어야 할 것으로 생각한다.

책방은 지성의 충전소

책은 우리에게 소중한 스승이자 등대며 벗이니 어찌 자주 만나보지 않으리오. 책은 새로운 우주를 만들고 서점은 허기를 채워주는 충전소라고 하였으며, '사람은 책을 만들고, 책은 사람을 만든다'고 하였다. 나를 새롭게 창조하기 위해 비어 있는 지성의 창고를 채우기 위해 가야 할 곳이다.

1950~1960년대를 살아온 우리는 헐벗고 굶주리면서도 가난을 심각하거나 고통스럽다고 실감하지 못하면서 천방지축 당연하게 받아들이며 누구를 원망하거나 한탄하며 살지 않았다. 비교 대상이 있어야 현재 내가 잘사는지 못사는지 알 수 있을 텐데 내가 사는 동네 70여 호가 모두 형 같은

친구나 아우들이다. 똑같은 생활로 비슷한 수준이니 우리가 왜 이러한 비참한 생활을 하고 있는지 자체를 모르니 원래 삶이란 이런 것이려니 살았다.

지금 아프리카 오지에 산 사람들이나 말레이지아 산속에 사는 소수민족이나 남미의 고산에 사는 잉카인들의 후예가 전통을 신앙처럼 고수하며 감자와 옥수수 등으로 하루 두 끼 먹으며 잠자리는 흙바닥 위에 멍석 깔고 지내면서도 삶에 만족하고 행복하게 사는데, 그들도 우리가 가난을 몰랐던 때와 똑같은 생각일 것이다.

사람들은 자신의 틀과 환경, 경험 안에서만 현실을 이해하고 안주하려는 습성이 있다. 원시적인 생활에 만족하는 것은 무지에서 오는 것으로, 우물 안의 개구리 격으로 하늘이 높고 넓으며 광대한 땅의 모습과 호수와 바다를 보지 못하였으니 당연한 일이다. "인생불학이면 여명명야행(人生不學如冥冥夜行, 사람이 배우지 않으면 어두운 밤길을 가는 것과 같다)"이라고 하였으니 눈을 뜨고 모든 것을 관찰할 수 있는 것이 바로 책이다.

책방에는 현대에 태어난 베스트셀러가 있는가 하면 찬란한 문화를 일으킨 명작고전 또한 즐비하게 주인을 기다리고 있다. 많은 책을 다 볼 수는 없으니 내 수준에서 관심 가는 대로 책을 대강 훑어보고 사서 정독하며 독서 삼매경에 빠져보자. 지금 책 몇 권 살 만한 여유가 없는 사람은 없을 것이다.

어느 유명한 방송인은 위기가 닥칠 때마다 서점에 가서 바닥에 앉아 하루 종일 책을 보고 해법을 찾았다고 하며, 책은 나의 구세주라는 기사도 있다. 미국의 부자인 빌 게이츠는 "하버드 졸업장보다 소중한 것은 독서 습관이다"라고 하면서 책을 사서 직원들에게 나누어주며 독서를 권했다고 한다. 말 잘하는 어느 개그맨은 일 년에 책을 30~40권 읽는다고 한다.

나는 1988년도 부동산 붐이 일어날 때 신문에서 중개사 제도가 있다는 사실을 보고 어느 문고에 우연히 들렀다가 중개사 시험 준비 서적을 훑어보았다. 살펴보니 노력하면 가능하겠다는 자신감이 생겼다. 1990년도에 한자로 출제한 5회에 250 대 1의 상대평가 시험에서 영광의 공인중개사 자격증을 받았다. 무슨 대단한 일이라고 자랑하느냐고 야유할 수도 있겠으나 법대 나온 고시생들이 거의 낙방하였다. 같은 학원에서 공부한 젊은이들이 55세의 나이에 합격했다는 데 놀라며 축하해주었다.

이렇게 이따금씩 들른 책방에서 기회를 포착하여 그 자격증으로 말년에 용돈 벌어 쓰며 외국 관광도 많이 다녔다. 무료한 시간을 보내지 않음을 다행으로 생각하며, 평소에 갈망해온 동양고전을 배울 수 있는 여유도 생겼다. 우리나라 최고 고전학자 성백효 선생님의 강의를 주마관산격이나마 들어, 사서오경부터 『근사록』, 『고문진보』, 『심경』, 『사기영선』 등을 통해 문리를 조금 터득하게 되었으니 나에게는 이보다 큰 행운이 없다.

"독서근검은 기가지본(讀書勤儉 起家之本, 독서와 근면, 검소는 집안을 일으키는 근본이 된다)"이라 하였다. 책점에 간 것도 동기부여가 되었지만 혼신을 다하여 정말 열심히 공부하였다. 지금도 고전들을 보고 있으면 시간이 아까울 정도로 삼매경에 빠진다. 나는 여유로운 시간이 있으면 책가게를 자주 가고, 헌책 가게도 들려보면 보물 같은 책이 먼지 뒤집어쓰고 주인을 기다리고 있다. 값도 저렴하여 몇 권 사 들고 오면 보물을 얻은 양 발걸음이 가볍다.

신문에서 노학자 박이문의 인터뷰 기사를 보았다. 프랑스에서 철학박사를 하고 미국에서 문학박사를 한 뒤 미국 시몬스 대학 명예교수가 된 이 학자는 건강이 안 좋은 편인데 대담을 마친 뒤에 "회복되면 가장 먼저 어디를 가실 것입니까?" 하는 질문에 "서점에 가고 싶다"고 하였다.

탈무드에서는 "만일 당신이 지식을 늘려가고 있지 않다면, 그것은 곧 당신이 지식을 줄여가고 있는 것과 같다"고 하였다. 알기 위해서 노력하지 않으면 쥐꼬리만 한 지식도 잊어간다는 것이다. 지식은 두뇌의 양식이니 공급하지 못하면 뇌가 허탈하여 위축되고 활발한 기능을 못하면 아사 상태로 혼란해져 치매로 치달을 수밖에 없을 것이다.

베스트셀러라고 해서 무조건 참된 진리라고 믿을 것이 못 된다. 나의 사상이나 사고방식이 책과 일치할 수는 없으니 객관적으로 타당성이 있는지도 검토해서 무가치한 허황된 지식인지 평가하고 살펴서 허송세월하지 않는지, 지혜롭게 독서해야 한다. 무지를 두려워 말고 거짓된 지식을 두려워하라고 하였다. 어느 지인은 명당 책과 사주 책을 열심히 보더니 그 계통의 학원을 다녀 풍수인지 무당인지 되었다. 그 뒤 저속하게 보여 전화도 하지 않는다.

이렇듯 독서의 길을 잘못 들어 혹세무민(惑世誣民)하고 기세도명(欺世盜名, 세상을 속이면서 부당한 수단으로 명예를 얻음)하여 사리사욕의 수단으로 이용하는 짓을 하고 있는지 살펴야 한다. 만고 진리는 없으며 세상은 발전, 변모하고 있다. 한두 가지 책만 열심히 보지 말고 사상이 다른 종교, 철학, 과학, 의학, 교양 서적들도 읽어야 다른 사람들의 인생관을 간접 체험하며 다양한 통섭형 학습이 미지의 세계를 알아가는 지혜가 된다. 교양의 다변화로 인격의 수준을 높여야 속지 않고 비판 능력을 키워 이성적 자기 사상을 정립해 나갈 수 있다.

나는 81세로 시령(詩齡) 3년에 얻은 시인 타이틀을 위해 열심히 읽고 쓰기를 반복한다. 시 수필 동아리나 문예창작반 등에서 내 작품을 낭독하는 즐거움을 만끽하며, 감히 시집도 계획 중이다. 왕후장상(王侯將相)이나 시인이 따로 있는 것이 아니지 않는가?

무료한 시간을 가치 있고 유용한 기회로 만들어줄, 어쩌면 우리의 운명을 화려하게 장식해줄 길잡이가 서점에 있을지도 모른다. 자주 들러 풍요로운 행운을 붙들기를……

고독에서 참나를 찾자

　어머니 뱃속에서 고고지성 외치며 나와, 만고풍상 역정을 걸어걸어 황혼기에 다다랐다. 이상향은 꿈으로 사라져갔고 파도처럼 밀려오는 외로움에 가냘픈 길가의 민들레 꽃씨처럼 하늘을 두둥실, 고향과 어머니의 품속을 찾는다. 자식들, 손자들은 멀어져 갔고 쭈그러진 얼굴에 머리털 빠지고 볼품 없는 친구들은 눈물을 선물로 주고 떠났다.

　짝을 잃지 않은 늙은이들은 그래도 참담한 외로움을 모른 채 살아간다. 이 웬수 하며 등 돌리고 잘 때도 많았으나 그래도 몇십 년 동고동락하며 미운 정 고운 정 쌓은 짝을 잃는 것은 필연 아닌가! 만나 일심동체 아들딸 키우고 가르치며 부모 노릇을 다 하였다. 이제 효를 기대해보며 오붓한 잉꼬 되어 여생을 부담 없이 유유자적 열심히 행복을 만들어가야 옳다. 잉꼬로 즐기다가 한날한시에 같이 떠나면 지상지고의 행운이지만 희망 사항일 뿐 불가능하다는 것을 우리는 잘 안다.

건강하여 산책할 정도면 취미생활하며 혼자 사는 것이 자유스럽고 마음 편하다. 자식, 며느리가 모셔가는 대복 터진 노인도 있겠지만, 대개는 그렇지 못하다. 외기러기로 살아갈 마음의 준비가 없으면 당황하며 극도의 고독을 감당하지 못하고 우울증에 허덕이다 천명을 헌신짝 버리듯 환영(幻影)의 짝을 따라간다.

이것이 최선의 방법일까? 홀로 사는 스님, 신부님은 종교에 귀의하여 누구보다 성스럽고 행복하게 살아가지 않은가! 불교에 귀의한 스님들에게서는 외로움의 기색이 없고 자애로운 풍모와 의젓한 자태는 귀감이 될 법하다. 심오한 불법을 깨닫기 위하여 무궁무진한 학문적 진리 탐구에 힘써 그 어렵고 오묘한 경전을 이해하며 깨달음을 얻을 때, 무한한 평화와 희열감에 외로울 시간이 없을 것이라고 생각해본다.

우리도 외롭게 번민의 함정에 빠져 몸부림치지 말고, 자기 도야의 방법을 찾아 하루속히 벗어나도록 최선을 다할 수밖에 없지 않은가! '외로움은 사유고 사유는 창의며 사상이 생산된다'고 하였다. 고독에서 참인생을 찾아 나를 뒤돌아보며 지금부터라도 새로운 무엇을 찾아 여생을 보람되게 지낼까를 숙고해야 한다. 황혼기를 맞이해서 우리들은 고독을 최소로 줄여가며 외로움을 덜어줄 전화위복의 길은 없을까를 찾아야 한다. 모두 떠나간 외로움에서 '나'라는 실체를 찾아 나를 사랑하고 나와 대화하며 친구를 만드는 것도 한 가지 방법이 아닐까!

경로효친의 전통으로 존경받아야 할 노인들이 OECD 국가 중에 자살률 1위란다. 우리가 바쁘게 조반석죽으로 어렵게 살았을 때는 자살하는 노인들이 거의 없었다. 노년 자살이라는 단어가 낯설었다. 자살이 왜 그리 많을까? 노인의 삼고 등으로 기대치와 달리 효사상 결여에서 말미암은 폐기, 방치되었다는 허탈감, 노쇠하여 각종 질병으로 말미암은 고독감, 생활고로 최소한의 여력이 없는 궁핍에서 오는 절망감, 무엇보다 생을 영위하게 도와주는 꿈과 희망이 없는 외로움을 이기지 못하고 '짝사랑하며 못 믿을 자식들 그리워 혼자 울고 고통스럽게 살지 말고 내 곁으로 오라'는 짝의 부름에 달려갔는지도 모르겠다.

우리가 어느 때라고 오감을 만족스럽게 얼마나 잘살아보았는가! 그래도 옛날같이 서러운 배고픔에 죽지 않고 풍요를 누릴 수 있다는 사실을 위안 삼아 한 번뿐인 귀한 생명을 보듬고 내가 할 수 있는 일을 찾아서 열정을 쏟아보자. 옛날에 배우고 싶던 것에 몰두하여 아름다운 오색의 황혼기를 맞아 천수를 웃으며 떠날 방법을 찾아야 한다.

나를 격려하자

"지금 이 나이에 무엇을 시작하며 격려하란 말인가! 70이 내일모렌데 죽을 날이 며칠이나 남았다고!"

연세든 분에게 자기계발을 위해서 무엇이든 배워야 하지 않겠느냐 하면 대부분 이런 넋두리를 한다. 평균수명이 80~90세이니 더 살기 싫어도 살아갈 날이 20~30여 년이나 남았는데, 그래도 생욕의 본능으로 더 오래 살겠다고 커피와 간식 즐기고 부지런히 산에 오른다. 자연의 상쾌한 숲에서 시원한 공기 마시며 책이라도 한 권 펼쳐서 독서 삼매경에 빠져보면 오죽 좋으련만. 새로운 것을 알며 영혼을 살찌우고 보람 있는 등산이었으면 좋으련만. 나이 들어 게을러지면서 맛있는 것이나 먹고 음담패설 신나게 떠들며 무념무상으로 지내는 것을 큰 행복으로 즐기는 사람이 훨씬 많아 안타깝기 그지없다.

옛날 농경 시대에는 어르신들이 삶의 지혜로 존경의 대상이 되었지만 지금은 날마다 새로워지는 지식과 특히 IT 정보의 홍수에 동참하지 못하면 초등학생만도 못하는 무식한 천덕꾸러기로 전락할 수밖에 없다. 지식을 쌓아가는 것은 행복의 길잡이로 삶을 고귀하게 할 뿐만 아니라 풍요로운 지성을 갖추어 쉬이 속지 않는 삶을 살게 해준다. 나도 아는 만큼 아는데 누구에게 속는다는 말이냐? 이런 말은 언뜻 들으면 자신감 있게 들리지만, 알고 보면 자만으로 큰소리치며 자존감으로 살아가고 있는 우물 안의 올챙이들임을 알지 못한다. 학문의 대가라도 자기 분야가 아니면 알게 모르게 속고 사는 것이 현실인데 박학무식한 삶들은 오죽하랴!

모든 것을 다 아는 만물박사는 될 수 없을지라도, 일상생활에서 견문과 학습으로 꾸준하게 지적 수준을 높여 생활의 지혜를 터득해야 속지 않고 살아갈 수 있다. 지식 수준이 낮은 농촌 사람들이나 노인들을 상대하여 감언이설로 만병통치약이라며 엄청난 폭리로 사기 행각을 행하는 그들에게 속으면서도 속고 있는 사실 자체를 알지 못한다. 속는 것이 어찌 한두 가지랴. 신문, 방송, 종교, 철학, 정치, 경제 등 알지 못하면 판단의 기준이 없으니 속으며 살 수밖에 없다.

　필자는 식구들 굶기지 않으려고 앙사부육(仰事俯育, 부모님 봉양하고 처자식 먹여 살리느라)으로 고전분투하면서도 틈만 있으면 준비해둔 책들을 조금씩이나마 꾸준하게 보아왔다. 지식을 쌓는다는 보람을 행복으로 알고 '무엇이 되기 위함보다 우선 열심히 배운다'는 신념으로 새로운 학문에 도전하기도 하고 고전을 통해 성현들의 고상한 사상과 사고에 심취하기도 하였다.

　꿈은 환경과 내 실력에 따라 항상 변하지만 머리에 쌓은 지식은 더 축적되어 의식이 변화, 발전하고 더 큰 꿈을 실현할 수 있는 기회를 제공한다. 떠오르는 아이디어로 실용신안특허를 변리사 도움 없이 출원하여 그 특허로 생계를 유지하기도 하였으며, 5회 공인중개사 시험에 합격하여 황혼기를 즐거이 보냈다. 평소에 책을 멀리하였으면 꿈도 꿀 수 없는 일이었다. '뜻이 있는 곳에 길이 있다'고 하였던가! 다행하게도 작은 꿈이나마 이루어 자영업을 하며, 그 덕에 꿈꿔온 서예와 한문고전들을 마음껏 공부할 수 있도록 행운의 여신이 손짓하는 기회를 포착할 수 있었다.

　동양고전 국역에 독보적인 성백효 선생님을 스승으로 모시고 주마간산이나마 젊은이들과 더불어 15여 년간 강의를 들었다. 내가 이 나이에 골치 아픈 짓을 왜 하나 낙심해 포기

해버리고 싶은 때도 많았으나, 꾸준하게 노력하여 늦둥이 시 공부에 유용하여 백일장 장원도 하였다.

각고정려로 스스로를 독려하며 다짐하기를 몇 번이던가! 시루에 콩나물은 남은 물로 자라듯 "남아욕수평생지 육경근 향창전독(男兒欲遂平生志 六經勤向窓前讀, 남아가 한평생 큰 뜻 이 루고자 한다면, 육경을 부지런히 창가에서 읽어라)"이라 하였다. 시 대가 바뀌고 상용하지도 않지만 내가 좋아하는 학문으로 가 치를 발견하며 익혀나갈수록 점입가경이니, 너무 서두르지 도 않고 게으르지도 않게 자신을 독려하고 다짐하면서 소 걷듯 뚜벅뚜벅 간다.

성인 공자도 "나같이 열심히 배우기를 좋아한 사람은 없 다"고 하였으며 생이지지(生而知之, 알고 이 세상에 태어났다)가 아닌 학이지지(學而知之, 배워서 알았다)라고 하였다. 최고의 성 인 선각자가 '학이지지'라 하였거늘, 천학비재(淺學菲才)한 사람이 정성을 다하여 배우지 않고 무식을 면할 수 있으랴! 나도 할 수 있다는 신념을 가지고 자신을 채찍질하면서 적 은 꿈이라도 이루며 큰 행복을 가져보구려. 파이팅!

미국엔 흑인 강도가……

　외국 여행을 한두 번 다녀온 것도 아니지만, 조카의 요청으로 뉴욕을 가게 되었다. 단체 여행은 시간과 장소가 정해져 가이드와 일행만 따르면 되지만 뉴욕 직행이 아닌 미국 비행기에 오른 것이다. 말로만 들은 세계 최대 도시의 찬란한 문물을 오감으로 보고 느낄 수 있는 기회이니 불안과 설렘으로 출국 날을 기다리고 있었다.

　밤 11시에 뉴욕에 도착한다는 비행기에 오르니 다소 불안감을 숨길 수 없었다. 대한항공보다 왕복 30만 원이 싸지만 일본 니가타와 샌프란시스코를 기착하는 불편이 있었고 샌프란시스코부터는 한국 사람이라곤 나 혼자였다.

며느리의 이종동생이 뉴욕에 유학 중인데, 들은 이야기라며 외출할 때는 반드시 10달러를 가지고 다니란다. 이유인즉 밤이나 후미진 곳을 다닐 때 흑인 강도들이 흉기로 위협하며 돈을 요구한다는 것이다. 주지 않으면 큰 봉변을 당할 수 있으니 꼭 준비했다가 봉변을 면하라고 한다. 선진 문명국에서 그런 일이 있을 수 있을까? 하기야 이따금 흑인들의 불상사가 뉴스로 들리니 그럴 수도 있겠구나 했다.

케네디 공항에 도착하여 수속 후 나오니까 밤 11시가 훌쩍 지났다. 조카가 마중 나온다고 전화하라 했는데, 집 가까이 가서 전화하면 신세를 덜 질 것 같아서 전철을 타고 가기로 했다. 김포 공항에도 전철이 있는데 세계 제일의 도시이니 좀 나가면 전철역이 있겠지 했는데, 한참 걸어 나가도 큰길이 나오지 않는다. 가로등 숫자도 적어지며 골목길에 사람도, 공중전화도 없고 차도 없다. 흑인이 칼을 들고 금방 튀어나올 듯, 콩닥거리며 불안하기 시작하였다.

점점 골목길로 헤매다가 어두워 다시 공항으로 가려고 뒤를 돌아보았으나 방향감각을 잃었다. 흑인이 나타나면 적지 않는 달러도 몽땅 빼앗길 판, 사람이라도 있어야 공항을 찾아가지? 엉거주춤하고 있는데 마침 나이 듬직한 백인이 오고 있었다. 선인인지 악인인지가 문제가 아니라 우선 백인이니 반가웠다.

"헬로 익스큐스 미."

걸음을 멈춘다.

"웨어 고잉 투 에어포트? 텔레폰."

손짓 발짓 중얼거리니 따라오란다. 겁이 났으나 인상이 강도 같지 않아 따라갔다. 환한 공항 사무실이 반가웠다.

"생큐 베리 머취."

크게 외치고 공항 대기실에 들어가 조카에게 전화를 하였다. 방금 도착한 양 반기는 조카 차에 몸을 실었다.

기후와 초목의 푸르름도 서울과 같았다. 시차로 피곤해 적응되지 않아 며칠간 대낮에도 염치없이 입이 벌어지고……. 아침 산책으로 길들여졌기에, 공원 산책길을 물어 익혔다. 뉴욕의 한인 타운 같은 변두리에 야트막한 산에 오리, 백조, 갈매기 들이 오르내리는 호수를 품고, 100여 년 됨 직한 나무들이 이국의 정취를 물씬 풍기는 공원이 15분 거리이니 산책길이 제격이었다. 아침이면 백인부터 흑인, 중국인까지 인종 전시장에 끼어들어 나름대로 산책을 즐겼다.

줄 만들어 라디오의 중국 노래에 맞춰 체조하는 팀 뒤에서 따라 하고 있으니 어느 나라 사람이냐 묻는 것 같기에 "코리안"이라고 하니 한국 사람이 와서 돈을 내고 가입하란다. 공짜가 아니구나…….

어스름한 새벽에 10달러를 챙기고, 불안과 긴장으로 산책길을 나섰다. 2차선쯤 되는 길에 가로등이 죽 이어지는 길을 걸었다. 움츠러드는 마음, 그래도 당당하게 의젓이 긴 터널 같은 새벽길, 얼마쯤 가는데 정말 새카만 흑인이 뚜벅뚜벅 걸어온다. 올 것이 왔구나! 진퇴양난이다. 몸은 초라하게 움츠러들고 가슴은 콩닥거린다. 애써 당당하게 맞서 걸었다. 뒷주머니에 있는 돈을 확인하고 인기척을 살폈으나 둘뿐이다. 이판사판이란 말이 떠오른다. 10미터, 5미터, 1미터 더 오그라들 공간도 없다. 그러나 시선도 주지 않고 담담하게 걸어 가버린다. 땀 흘리며 긴 한숨이 터져 나오고, 싱겁게 막이 내렸다. 10달러도 아직 있고, 허드슨 강 동쪽 하늘에 태양이 웃으며 올라온다. '여기는 첨단 문명국 미국이야.' 당당하게 겁먹지 말고 살아보란 듯.

일면식도 없는 동양 사람에게 미소로 손 흔들며 "하이" 외치면 멋쩍게 나도 "하이" 응답해주며 도둑으로 여긴 흑인에게 미안해하며, 할렘가도 돌아보고 몇 달간 캐나다까지 관광도 하며 쌍둥이 빌딩 불상사도 보았다. 아쉬움을 남긴 채 몇 달간의 추억을 한 아름 안고 무사히 돌아왔다.

홍어 예찬

　제일 맛있는 음식이 무엇이냐 묻는다면 나는 주저없이 홍어라고 말한다. 사람마다 맛의 취향이 다양하여 일률적일 수는 없으나 18개국 여행 다니며 여러 음식을 맛보았으니 우물 안의 올챙이는 벗었으리라.

　곰 발바닥이니 상어 지느러미니 제비집은 식도락가의 호사스런 특별한 메뉴이니 차치하고, 젊은 사람이나 일부에서는 하필 썩은 냄새 나는 홍어를 먹느냐, 찌푸리며 얕보고 비아냥거리는 사람도 있는 줄로 안다. "네깐 놈들이 홍어 맛을 알아?" 면박을 주고 싶다. 홍어의 진미를 묻는다면 우선 먹어보라 권하고 싶다. 김천 고향인 잘 지낸 친구도 몬도가네

쯤으로 비웃더니 지금은 나보다 더 잘 먹는다. 장성하여 성의 쾌감을 경험하지 않으면 그 맛을 어찌 알리오.

냄새나는 발효식품이 어디 홍어뿐이랴. 서양 사람들이 냄새를 싫어했던 김치가 세계 5대 건강식품이란다. 된장, 고추장, 젓갈, 술 등 서양의 포도주, 치즈, 요구르트도 따져보면 발효식품이 아닌가!

홍어는 호남의 토속음식이다. 지금도 잔치에서 돼지 머리고기나 삼겹살은 잘 먹지 않고 홍어를 먹어야 잔치로 인정해줄 정도다. 옛날 못살 적에도 풍요로운 어족을 자랑하는 연안 어업과 비옥한 평야를 누린 호남에서는 그래도 쌀밥에 여유로운 음식문화가 궁중 귀족들의 다음으로 발달하여 맛을 인정받았다. 필자도 어려서부터 조기, 갈치, 꼬막, 홍어 등을 일찍 즐겼으나 잘 잡히지 않는지 귀족어인 홍어는 맛보기가 여간 어려운 게 아니었다.

지금 흑산 홍어는 50만~60만 원 호가로 그것도 미리 주문해야 잔칫상에 올릴 수 있단다. 다행이랄까, 남미의 칠레, 페루에서 천대받은 홍어가 들어와 마니아들이 꿩 대신 닭으로 찾다보니 다시 전성기를 맞아 수요가 폭발했다. 그래도 아마추어들은 흑산도산인지 남미산인지 그 맛을 구분할 수 없다.

흑산 홍어는 가오리과로, 등은 갈색, 배는 흰색, 날개 쪽은 약한 선홍색으로 입이 방긋 눈웃음치는 넓은 마름모꼴로, 등에는 가시가 조금 돋았으며 큰 것은 길이가 150센티미터 정도로 80미터 심해에 산다고 한다. 유유히 춤을 추듯 유영하는 그 모습은 바다의 백조인 양 우아하다. 조선 초기에 울산에서 토산 공물로 임금님 수라상에 올랐으니 예로부터 천한 사람들만 먹는 천어(賤魚)는 아니었나 보다.

홍어는 특유의 향과 독특한 맛에 직접 흥취되기 전에 그 가치를 설명하기 어렵다. 알맞게 곰삭은 무늬 진 흰 살점은 낙근낙근 물오른 숙성한 벗은 봄 처녀 허리다. 갖은 양념 듬뿍듬뿍 넣은 빨간 양념장에 찍어 한입 넣으면 옹골찬 넉넉함이 포말 날리며 육중하게 밀려온 빨간 파도를 한입에 퍼넣어 질겅질겅 톡 쏘는 새콤 달작지근한 홍어의 맛이라니. 입과 코를 더듬어 혀를 휘감고 양볼 태기가 쥐 먹은 뱀처럼 불룩불룩 굴려 쫄깃쫄깃 오독오독 씹히는 식감이라니, 족히 30여 번은 씹어 육즙이 배어 나와야 제맛이다. 머리로 눈으로 코로 귀로 목구멍으로 홍어의 맛과 향을 느껴야 홍어의 진면목을 조금 알 수 있다. 여기에 막걸리를 한 사발 걸치면 소위 '홍탁'이니 환상적 황홀감의 콤비로 맛의 극치다.

매콤달콤 회무침, 시원한 내장탕, 찜, 말린 구이도 있으나 회에 비할 바가 못 된다. 뼈도 연골이니 늙은이들 골다공증에 좋단다. 냄새가 심해도 식중독 같은 배탈은 잡아매더라고, 비타민K가 많기 때문이라는 말을 들었다. 홍어 먹고 식중독 걸린 사람 아직 보지 못했옹께, 믿건 말건.

곰 발바닥처럼 비싸지도 않으니 입맛, 밥맛, 성욕까지 떨어진 무심무욕에 물에 빠진 생쥐맹키로 허우적대지만 말고 홍탁 한잔 더셔보랑께. 참말로 살 맛 나불 것이여!

감사하며 살자

인생 황혼기에 하루하루 살아가기 지겹고 힘겨운데 감사할 일이 무엇이 있느냐? 이렇게 반문할 노인들이 더 많을 것이다. 그러나 감사한 마음을 가지는 것만으로도 마음이 우선 풍요로워지고 많은 것을 가진 양, 안도감과 행복해짐을 느끼는 것은 왜일까?

감사할 줄 아는 사람은 강한 사람이다. 모든 여유로움은 우리가 가진 것에 감사하는 마음에서 나온다. 인간은 욕구의 만족을 위하여 지칠 줄 모르고 악전고투를 벌이며 무한한 탐욕의 화신이 되어 끝없이 질주하며 나아간다. 사람은 평생 배운다. 지성과 이성을 갖춰가며 선과 악, 의와 불의, 예와

절, 염과 치를 분별하여 탐욕을 절제하며 인의를 알고 수신봉공(修身奉公, 자기 몸을 닦아 나라에 봉사하다)과 공생공영(共生共榮)의 이성으로 자아를 완성해가는 인격체가 되는 것이다.

사회가 공동 운영 체제로 상호의존과 협력을 위해 욕망을 제약하기 위해 질서에 순응하며 자신의 생존에 타인의 존재가 불가결한 요소임을 절감하고, 나의 만족이 타인의 불행을 주는 일이 아닌가를 생각하며 존중과 감사로 배려하며 살아가야 함을 깨달아간다.

왜 감사할 일이 없단 말인가! 공자도 일찍이 개나 돼지, 소 같은 동물로 태어나지 않았음을 감사한다고 하였다. 태어나 날마다 뜨거운 땡볕에 땀 뻘뻘 흘리면서 논밭을 갈며 엉덩이 피나도록 맞으면서도 반항 한번 못하며 늙으면 몸까지 희생한 소를 생각해보았는가! 전쟁 나면 영문도 모르는 채 채찍 맞으며 끌려가 칼 맞고 활 맞아 죽어간 말들의 비참한 모습을 생각하면 마소 같은 동물로 태어나지 않았으니 얼마나 다행이고 감사한 일인가!

쌀밥에 고깃국 먹는 것이 최고의 소원이던 시절이 지나갔고 지금 그런 소원 가진 사람 어디 있는가? 짚신 신고 눈밭에 미끄러지며 산에 올라 생솔가지 짊어지고 허기진 배 움켜쥐고 내려오는 아들, 손자들이 없지 않는가!

우리들의 힘도 기반이 되었지만 1조 달러 수출을 이룬 젊은이들에게 기업가와 정부에 감사해야 한다. 기업가들에게 감사하자고 하면 이의를 제기할 사람도 많을 것이다. 급조된 경제발전에 지역 차별과 족벌적 학연의 지배구조, 불투명하고 불합리한 경영으로 시장경제의 신뢰를 무너뜨리고 탈세를 일삼는 반기업가도 많은 것은 사실이나, 그래도 그들이 있었기에 많은 일자리가 생겨났고 젊은이들이 행복하게 살아가고 있다. 이것이야말로 세계 8위의 무역 대국을 이룬 견인차가 아니던가!

부조리가 어디 재벌 기업뿐이었을까! 정계, 재계, 학계, 법조계 어느 곳에나 규칙과 원칙이 흔들리기 마련이며, 법보다 권력이 우선하고 맑은 물 흐리게 하는 못된 미꾸라지는 어디나 있게 마련인 것을.

전철 무임승차로 등산 가방 짊어지고 노인석에 앉아 여행도 가고 등산도 오수를 즐기면서 다니는 즐거움에 어찌 감사한 마음을 갖지 않으리오. 엄청난 노인복지 예산으로 혜택을 입으면서도 돈이 적다고 불만을 토로한 사람들도 많다.

쳐다보고 비교하며 불만만 터트리면 속 터져 스트레스 쌓이기 십상이며 내 몸에 병만 생겨 빨리 죽을 수밖에 없지 않는가! 꾸준하게 의욕과 열정과 긍정적인 마음으로 살아야 7~8년 더 산단다. 자기 능력의 한계를 인정하고 분수에 맞게 큰 욕심 부리지 말고 감사한 마음으로, 부족하지만 현실에 만족할 줄 알면서 부정적인 곡해로 불행을 자초하지 말자. 엄동설한에 노숙하며 연명해가는 사람들의 처지도 생각해보며 따뜻한 이불속에 잠잘 수 있는 것만으로도 감사하자.

아프리카 탄자니아의 세렝게티에 사는 마사이족은 나뭇가지 얽어매고 소똥 주워다가 벽 바르고 햇빛 들어오는 창도 없이 캄캄한 방에서 돌 두 개 위에 시커먼 솥 얹어 옥수수, 감자 등으로 끼니를 때운다. 그들에게 기자가 물었단다.

"행복하느냐?"

"그럼요. 행복하지 않을 수 있어요?"

서슴없이 반문하는 모습을 텔레비전에서 보고 순수한 인간 본연의 거룩함을 느꼈다.

일찍이 노자(老子)는 "지족불욕하고 지지불태면 가이장구(知足不辱 知止不殆 可以長久, 만족할 줄을 알면 욕을 당하지 않고, 멈출 줄을 알면 위태롭지 않으며, 오래도록 자신을 보존할 수 있다)"라고 하였다. 한마디로 만족할 줄 알아야 오래 산다는 것이다. 또한 니체는 "네 운명을 사랑하라"고 하였다. 아마도 주어진 위치에서 최선을 다하며 자신을 사랑하며 감사한 마음을 갖으라는 말일 것이다.

보잘것없고 얼굴은 기미, 주근깨와 주름투성이에 남은 몇 가닥의 백발이 허물어진 분묘위의 늦가을 풀처럼 나부껴도 아직 산책을 할 수 있으니 내 몸에도 감사하자. 내가 할 수 있는 일에 최선을 다하며, 웃고 즐겁게 살다가 천명에 감사하고 때가 되면 후회 없는 평화로운 미소 지으며 영원한 안식에 들자.

국기 바뀌었으면

70주년 광복을 기리는 태극기가 창문에 펄럭인다. 국가의 소중한 상징이자 단결의 구심점인 국기, 그러나 볼 때마다 자자손손 저 태극기를 물려주어야 옳은지 상념에 잠길 때가 많았다. 중국 고목의 뿌리 같은 잔영(殘影)을 가져다가 성스러운 국기를 만들 수밖에 없었을까!

지금 젊은이들이 태극기가 중국 고전 주역의 태극(太極) 음양오행설을 근원으로 만들어진 사실이나 뜻을 알고 있을는지? 자존감으로 수긍할 수 없다면 국기 교체도 생각해봐야 하지 않을까? '전통 있는 국기를 바꾸다니 무슨 뚱딴지같은 황당한 넋두리냐? 일고의 가치도 없다'고 부정할 수도 있겠지만 일본의 식민지 잔재였던 총독부 건물도 당당하게 헐었다.

이천여 년 전 고대 중국 주나라 때 황하에서 건진 거북 껍데기의 도(圖)와, 낙수에서 서(書)를 얻어 하도낙서가 되었으니 형이상하학, 이기설(理氣說), 우주와 인간, 천문, 지리, 점술과 철학 등이 『주역』의 근간이다. 고대 중국의 건국 신화속 삼황의 한 사람 복희씨가 64괘를 지었고 문왕과 공자, 그뒤 많은 학자들이 탐구한 동양 최고의 경전으로 가장 난해한 책이 바로 『주역』이다.

공자의 십익(十翼)부터 시작해 정자, 주자 등 중국 석학들의 부연설명이 많지만 섣불리 가치를 논할 책이 아니며, 박학비재한 필자도 방대하게 함축된 철학을 논할 위치가 아니다. 다만 우리 것이 아닌 중국에서도 잊혀가는 태극 4괘를 가져와 계속 국기로 사용하여야 할 것인가를 생각해보자는 것이다.

태극기의 시초는 1876년(고종 13년)에 강화에서 일본과 치욕적인 수호조약을 논할 때 국기를 게양하는데 없자 일본 수행원인 궁본 모(宮本 某)가 "한국 유적에 많은 태극 문양을 국기로 만들면 어떻겠느냐?" 하여 효시가 되었다고 한다. 뒤에 공주 관찰사 이종원이 태극 팔괘로 도식(圖式)하였고 1882년 박영효가 일본 수신사로 갈 때 배에서 그려 처음 게양하였다고 한다. 1949년 10월 15일에 문교부에서 국기로 제정, 공포한 것이 우리 태극기의 원류다.

우리 역사에는 자주 국권을 행사하며 통치한 고구려도 있었지만 거의 중국의 속국처럼 조공을 바치며 태자 책봉과 왕위 계승까지 간섭받아 독립적인 왕권을 행사하지 못했을 때가 많았다. 또 불응했다간 침략, 유린하고 백성과 재물을 수탈해갔으며 또 왕자와 왕족을 볼모로 데려가는 등 중국에 강도 같은 짓을 당하며 살아왔다. 당나라는 고구려를 침략하여 보장왕을, 백제에서는 의자왕, 왕족과 부녀자 등 수십만 명을 구금해갔으며 삼학사의 참형 등 만행이 부지기수다.

빼앗긴 고구려의 고토도 회복하지 못했으며 36년간 일본에게 만행보다 더한 수탈과 폭압을 당하면서도 고분고분 당연하게 받아들인 것이 사실이다. 정치, 경제, 선진 문화를 유입할 수밖에 없는 지정학적 약소국으로, 선조들이 독립정신보다 사대주의와 안일에 당쟁을 일삼은 안타까운 역사를 부인할 수 없다.

태극기에 뜨거운 애착심을 보인 순국선열들을 생각하면 송구스러우나 국격에 걸맞게 만 대를 이어 추앙할 수 있는 국기라면 얼마나 좋을 것인가. 젊은이들의 예지적 디자인으로 전통과 역사관을 함축한 참신하고 고품격의 뜻이 함축된 국기로 교체해야 하지 않을까!

중국 문화의 원류에다 일본인의 제안으로 만들어진 국기를 후손 대대로 이어줄 것인가? 바꾸기가 어렵다면 처음 8괘를 4괘로 줄였듯이, 태극 양의(兩儀)에서 나온 건곤감리라는 옥상옥의 번잡함이라도 없애고 태극만 있는 태극기로 바꾸었으면 하는 간절한 마음에 뜻 있는 제현들에게 감히 제안한다.

무소유 반론

큰 스님의 수필 『무소유』를 읽었다. 스님처럼 학문과 종교의 대가에게 감히 갑론을박으로 반론을 논한다는 자체가 난센스로 봉황의 뜻을 헤아리지 못한 참새의 지저귐일지 모르겠다. 그러나 사상도 자유이듯이 논리적 비판도 자유가 아닐까! 물론 종교적 상식인 소유 관념에 극과 극이 존재할 수 있다. 일반적인 소유 관념으로 필자는 무소유를 생각할 수도 없다. 우리는 매일 의식주 등 360여 가지를 소유해야 최소한의 생활을 유지할 수 있는 틀에 갇혀 산다.

스님은 궁궐 같은 가람이나 호젓하고 요람 같은 암자에서 처자식 없이 의식주에 매이지 않고 불공과 수행, 동안거(冬安

居) 등 불심에만 전념하면 될 것이다. 대가람과 암자, 의식주가 하늘에서 저절로 떨어진 것일까! 불자들의 시주 아니면 하나라도 있을까! 이것 모두 소유를 위해 불철주야 노력하여 얻은 결과물들이다.

스님은 두 분(盆)의 난초 화분을 지극정성으로 관리하는 괴로움을 소유욕의 집착 때문이라며 친구에게 주었다. 농부들과 화원, 모든 직업인은 나와 처자식을 위해 불철주야 한 푼이라도 더 소유하려고 경쟁의 아귀다툼으로 발버둥 치며 살아간다. 그들에게 "무소유 하십시오" 할 수 있을까! 아마도 정신 이상자로 볼 것이며 귀싸대기 안 맞으면 다행이다. 두 개의 난초도 관리 못하고 친구에게 소유의 고통을 전가하는 것이 옳다고 생각했을까! 차라리 난초를 위해서나 친구를 위해서도 바위 밑 양지바른 곳에 자연으로 돌려보냄이 좋지 않았을까!

물질만이 아니다. 정신적 무형의 소유도 소유 아닐 수가 없다. 문학, 종교, 과학, 철학 등 모든 관념적 지적 소유를 위해서 낙오되지 않으려고 피나는 노력을 하지 않을 수 없다. 스님도 학습욕으로 일반 대학과 불교 대교과를 나왔다. 학비 없이 지성을 소유할 수 있었을까? 소유 집착의 결과, 흠모하는 큰 스님도 문학가도 된 것이다.

간디는 "소유가 범죄처럼 생각된다"고 하였다. 조국 인도를 영국에 빼앗긴 것을 어떻게 받아들였을까? 왜 다시 소유하기 위해서 무저항 독립 투쟁을 하였을까? 무소유로는 영국에 유학 가서 법대까지 나올 수 없다. 자본주의 사회에서, 아니 지구상에서 무소유로 산다는 것은 분명 괴리(乖離)다.

예수도 소유하기 위해서 근심하지 말라고 했다. 그러나 "수고하지 말라. 식물을 꽃 피우고 새들도 하느님이 먹이니 귀한 인간들이랴" 염려하지 말라고 하면서도 과부에게 엽전을 요구하는 모순이 존재한다.

로마의 베드로 성당이나 유럽 각국의 어마어마한 문화적 예술적 가치를 지닌 호화찬란함의 극치라 할 수 있는 성당들 역시 무소유로 짓는다는 건 천부당만부당이다. 헌금도 받았겠지만 면죄부를 팔기도 하였으며 신자들에게 헌금 등의 재물을 거두어 이루어진 고혈의 결정, 그 자체들이라 아니할 수 없다.

공수래공수거(空手來空手去)니 육신마저 버리고 떠남은 불가항력의 철칙이니 어쩔 수 없다. 생명이 유지되는 한 소유 없이 하늘 쳐다보며 물만 마시고 살 수는 없으니, 무지와 무소유는 원시로의 회귀일 뿐이며 국방과 국민의 행복도 국권을 소유하지 않으면 불가능하며 노예로 전락할 수밖에 없을 것이다.

화려하고 웅장한 세계 문화유산인 가람을 많이 가진 미얀

마의 젊은 스님들이 붉은 옷 걸치고 맨발로 그릇 들고 밥 걷으러 다닌 것은 무소유의 표본일까? 불경 공부도 하며 최소한 자기들의 먹을 것이라도 신선한 노동을 제공해야 옳다. 그 나라의 종교적 풍습이겠지만 좋지 않은 모습으로 보이는 것은 불교 신자가 아니기 때문일까!

모든 인간들의 무소유를 가정했는데, 모든 생물은 소유욕에서 진화, 발전하였으니 불가역적인 발상이며 천당에서나 가능할지 모르겠다. 무소유로의 퇴보는 곧 자멸이라고 생각한다.

선진국에서는 쓰레기,
우리에게는 보약

늙으면 너나없이 정도의 차이가 있을 뿐 무릎과 허리, 다리 아프지 않는 사람이 거의 없다. 몇십 년을 부려 먹었으니 닳고 닳아 그런 증상이 올 만도 하다. 특히 부인들은 출산과 쭈그리고 앉은 일 등 과로에다 여성호르몬 분비가 점점 줄어들어 더욱 심하다고 한다.

친구들이나 시골 늙은이들의 단방 약을 권하는 민간의들은 자기가 최고로 잘 아는 양 '사골이나 돼지 등뼈, 닭발, 고양이, 우슬초, 골담초 뿌리 등을 달여 먹으면 치료된다'며 일가견이 있는 듯 떠들어댄다.

칼슘 부족이니 소꼬리나 소뼈 사족을 사다가 한약을 넣어

한 이틀 푹 고아 수시로 먹으란다. 그러나 한우 사족 값이 보통이 아니다. 옛날에 소뼈는 부잣집 사람들이나 고아 먹었지 서민들은 감히 엄두도 못 낼 정도로 엄청나게 비쌌다. 전통의 고정관념이 있어서인지 지금도 관절염에 특효약인 양거금을 주고 우족탕을 먹는다. 그런데 정말 관절염에 특효가 있는 것인지 한번 생각해볼 문제다. 의사들은 보조적으로 조금씩 먹을 수는 있어도 특별한 효과가 없으며 비만에 고지혈증이 되기 쉬우니 조금씩만 먹으란다.

나는 뉴욕에 있을 때 한국에서 10분의 1도 안 되는 가격으로 소꼬리를 꽤나 고아 먹었다. 왜 싸느냐고 물었더니 미국 사람들은 꼬리나 뼈, 내장 등은 먹지 않고 가축 사료로 써서 옛날에는 팔지 않고 고기를 사면 덤으로 그냥 주었다고 한다. 지금은 한국 사람이나 중국 사람들이 많이 찾으니 돈을 받고 판다고 하였다.

육류가 많아 뼈까지 먹을 필요가 없겠지만, 첨단 문화 수준으로 뼈가 식품의 가치가 없기에 버렸을 것이다. 우리는 GNP 3만 달러로 풍요로운 경제적 수준에 이른 지금 매년 수만 톤의 소고기를 수입하여 먹고 있다.

GNP 100달러 시대에 살았던 노인들은 후진적 고정 관념의 생활 방식에 연연하여 아직도 내가 더 잘 안다, 너희들이 무얼 안다고 하며 어린애 잠꼬대 같은 소리를 하고 살아간다. 컴퓨터의 컴 자도 모르는 노인들이 너무도 답답하여 울화통 터질 일이다.

무지에서 오는 속설을 맹신하며 옛날 자기 세대의 가치관에 맞는 잣대로 맞추려는 한심스러운 짓일랑 이제 그만하자. 유구무언으로 가만히 있으면 중간은 간다. 건강한 몸의 가장 큰 적은 불량한 지식이라고 하였다.

애들이 감기로 자주 고생하면 주위 사람들의 권유로 용하다는 한약을 몇 첩 지어오는 데 거금을 투자한다. 용이 감기에 면역력을 길러주는 특효약으로 밥도 잘 먹고 튼튼한 우량아가 된다는 것이다. 그 효과는 한의학적 소관이며 먹여본 엄마들이 알겠으나, 약리학적 실험으로 합리성이 입증되었는지 모르겠다. 구시대에 초근목피로 치료할 때는 그 효능이 확실하지 않으나 다른 방법이 없었기 때문이었을 것이다.

호주에 여행 가서 들었는데, 옛날에는 녹각과 녹용 등을 다 쓰레기로 버렸다고 한다. 한국, 중국 사람들이 이주 온 뒤 귀한 약품으로 여기고 있음을 알고 팔기 시작했단다. 호주 사람들이 무식하여 녹용을 버렸을까? 호주를 가본 사람은 알겠지만 우리가 상상하는 이상으로 문화 수준이 높고 GNP가 4만 달러를 넘으며 노벨의학상 수상자가 7~8명이란다. 그런 선진국에서 쓰레기로 버릴 정도의 녹용을 우리는 면역력을 증가시키는 보신용 영약으로 여기며 거금을 축내며 먹고 있으니 한심한 일이 아닐 수 없다.

캐나다에서도 시베리아 순록 뿔을 옛날에는 다 버렸는데 동양 사람들이 영약으로 찾기 시작하여 이제 고가로 판다고 한다. 아프리카의 보호동물인 코뿔소도 중국 사람과 한국 사람 덕에 밀렵되어 그 수가 날로 줄어든다고 한다.

옛날 임금님이 "어리석은 사람을 잡아오라"고 하니 가난하게 사는 백성을 잡아왔다는 우스갯소리가 있다. 나도 잡혀갈 처지지만, 무지의 소치로 우를 범함이 어찌 이것뿐이리오마는 남이 장에 가니 지게 지고 덩달아 따라가는 웃지 못할 일들일랑 이제 그만했으면. 일부에서는 중국의 사람 뼛가루, 어린이 오줌, 인육 캡슐까지 주문하여 먹는다는 충격적인 말도 장사꾼에게 직접 들었다. 오줌도 중국 것은 특효가 있단다. 하루만 지나도 썩는데.

이삼천 년 전의 중국이 원조인 초근목피를 21세기에도 동양의 중국과 우리나라 몇 개국이 한약으로 쓰고 있다. 19세기의 미개하고 몽매한 혹세무민하는 장사치들에게 유혹되어 귀중한 재산을 빼앗기지 않으려거든, 알량한 조금 아는 체를 내려놓고 '나도 알 것은 다 안다'는 착각으로 자만심의 자가당착에 빠지지 않도록 배우고 또 배워야 한다.

우리의 제일 목표로 잊지 말 것은 '배움'이다. 두 번째는 이 제일 목표를 잊지 않는 것이란다. 동물 사료나 비위생적인 풀뿌리 등 선진국에서 쓰레기로 버리는 것들을 귀중한 황금을 축내가면서 바보천치 노릇일랑 이제 더는 하지 말아야 한다.

술은 보약일까, 독약일까

옛날부터 술은 백약지장(百藥之長, 여러 약 중에 으뜸)이라 하였고 '식전에 한잔 술은 보약보다 좋다'는 예찬론자들은 음주를 하나의 건강 음료라고 마시고 있다. 하지만 애주가들의 핑계는 아닐는지?

술은 고금 동서양을 막론하고 각종 의식에서부터 연회와 사교의 수단으로 빠질 수 없는 음식문화로, 농경 사회에서는 피로회복제 역할도 톡톡히 한몫했으니 소홀히 할 수 없는 귀중한 위치에 있는 것만은 분명하다. 가난하게 살 때는 기와집 짓고 고깃국에 술과 쌀밥을 마음껏 먹을 수 있는 그런 부자가 되는 것을 삶의 이상이자 최고의 꿈으로 여기고 살아왔다. 그래서 술을 천지미록(天之美祿, 하늘이 내린 좋은 복록)이라 하였던가.

10여 년 전에 농촌 일가 형님 댁을 방문하였을 때 놀라운 광경을 보았다. 마루에 2리터들이 소주병을 놓아두고 그 옆에는 컵과 접시에 파리들의 요깃거리가 된 김치가 아무렇게나 놓여 있었다. 그 술을 권하기에 놀라며 '됫병들이 술을 사다 마시느냐?' 의아해 물으니 '한 병이면 2~3일 정도 먹는다'고 한다. 우리 집뿐만 아니라 동네 대다수가 그렇게 먹는다고 자랑 삼아 호기롭게 자주 먹으니 취하지도 않는다는 것이다. 건강에 나쁘지 않느냐 했더니 날마다 이렇게 먹고 사니까 습관이 되어 괜찮단다. 술이나 밥을 마음대로 먹을 수 있으니 얼마나 좋은 세상이 아니냐고, 만족스러운 표정에 상팔자연하게 웃고 있었다.

몇 년 뒤에 들으니 간경화에 식도암으로 수술한 뒤 몇 개월 살다가 간암으로 죽었다는 소식을 들었다. 그 형님은 어려서부터 희망인 최고의 이상을 실현하면서 살다가 죽었겠지만, 말년을 좀 더 행복하게 살아야 할 나이에 고통스러운 암과 싸우다가 일찍 세상을 떠난 것이다.

좀 여유롭게 살 만하니 술 마시는 기회가 많아졌으며 인삼주부터 포도주, 진달래꽃 술, 칡 술 등 진열장에 가득 전시해놓고 자랑 삼아 수시로 복용하는 사람을 주위에서 흔히 볼 수 있다. 술은 조금만 마시면 마음이 넉넉하며 세상에 부러울 것이 없지만, 많이 마시면 자제력이 떨어지며 지속적으로 마시면 습관성 알코올 의존증이 되며, 정신 장애도 겪게 되고 위, 간, 뇌 등 각종 장기에 치명적 손상이 온다는 것은 상식이 되었다.

술을 좋아한 편은 아니지만 술 덕을 톡톡히 본 경험이 있다. 겨울에 산중에 사는 일가의 혼사에 가려고 막차 버스를 탔는데 어두워지며 갑자기 눈이 쏟아지기 시작했다. 평지는 잘 왔는데 경사가 심한 고갯길은 체인 없어 갈 수 없으니 걸어가란다. 주막집 하나 있는 도로변, 졸지에 기아 신세가 되었지만 상황이 그런데 어쩌랴. 십여 명의 승객이 술 한 잔씩 먹고 걸어 가자는데 말이다. 눈은 계속 쏟아지고 해는 떨어진 지 이미 오래되었다. 뱃속이 비어 있는 데다 차에서 나오니 추위에 오들오들 떨리고 위아래 이가 요동친다. 엉겁결에 막걸리 대포 한잔을 마셨다. 꼬불꼬불 눈 쌓인 고갯길을 오르는데 신기하게도 떨리지도 않고 몸이 후끈거리며 발걸음이 가벼워져 흥얼거리면서 천지가 백설인 비탈길을 무사히 걸어 도착하였다.

연회석에서나 고우 또는 지기를 만나 멍청하게 많이 마시는 일이 아니라면 지혜롭게 적당하게 마시는 것은 흥을 돋우며 흐뭇한 행복감에 삶을 한때나마 즐기는 데 술만 한 것이 또 어디 있으랴!

이태백의 「월하독작(月下獨酌)」이 생각난다. 전후 절을 약하고, "천지기애주 애주불괴천 이문청비성 복도탁여현 성현기이음 하필구신선 삼배통대도 일두합자연(天地旣愛酒 愛酒不愧天 已聞淸比聖 復道濁如賢 賢聖旣已飮 何必求神仙 三盃通大道 一斗合自然, 하늘과 땅이 이미 술을 좋아하니, 술 좋아함을 하늘에 부끄럽지 않네. 이미 청주는 성인에 비한단 말 들었고, 다시 탁주는 현인과 같다고 말하누나, 성현을 이미 마셨으니, 어찌 굳이 신선을 찾을 건가! 세 잔 술에 큰 도를 통하고, 한 말 술에 자연과 합치되네)"이라. 천여 년 전의 시선(詩仙)다운 호탕함을 엿볼 수 있어 잔잔한 미소의 감흥에 젖는다.

술에 단점이 없다면 얼마나 좋으랴! 2016년 3월 복지부에서 발표하기로는 '암을 예방하려거든 하루에 한 잔도 먹지 말라'고 하였다. 미국 하버드 의대에서 나온 책에 '알코올은 한 잔이라도 마시면 우리의 중요한 뇌세포를 파괴시킨다'고 하였으며, 영국 옥스퍼드 대학 연구에서는 임신 중에 술 한 잔을 마셔도 태아의 IQ와 연관된 유전자 변이가 발견된다고 하였다. 섬뜩한 말을 믿어야 할지!

치매의 발병률이 일생동안 마신 술의 양과 비례한다고 한다. 우리나라가 한 사람당 마시는 주량은 세계 11위지만 알코올 도수를 감안하면 1위라고 한다.

음주에 장단점이 있으나 과음은 물론이고 부득이한 경우가 아니면 한잔도 마시지 않는 것이 좋을 것 같다. 경제적인 손실은 물론이고 독약 같은 술로 내 몸을 병들게 하고 체통을 잃는 음주는 절대 삼가야 할 일이다.

귀촌 귀농을 생각한다

　주위에서 흔히 "나는 퇴직하면 친환경의 농촌으로 가서 운동 삼아 과일 채소를 가꾸면서 유유자적 신선 같은 전원생활을 즐기며 살 것이다"라며 자랑 삼아 큰 포부를 일갈한다.

　도회지에서 나고 자란 직장인들에게 퇴직 후에 무엇을 하며 살 것이냐 물으면 64퍼센트가 전원생활 하겠단다. 하나같이 200~300평 밭을 사서 노래 가사처럼 '개울물 푸른 언덕에 그림 같은 집을 짓고 임과 함께' 앞에는 사계절 피고 지는 정원수를 심고 뒤에는 감나무, 배나무, 사과나무, 포도나무들을 알맞게 심고, 무, 배추, 상추, 오이, 가지도 심어 무공해

채소를 끼니마다 맛있게 먹으며 제철에 탐스러운 과일을 수확하여 아들딸에게도 보내며 여름에는 친구들을 불러 냇물에 발 담구고 삼겹살 구어 잘 빚어 만든 청주를 주거니 받거니 정담이 오가며 흥겨운 노랫가락 목청을 돋우면 이태백이 부럽지 않은 신선이 아니고 뭣이겠냐고?

밤에는 진주 뿌려놓은 듯 별들의 반짝임에 한줄기 혜성이 흐르고, 소풍농월(嘯風弄月, 자연 풍경을 감상함)하며 철 따라 바뀌는 변화무쌍한 풍광에 복사꽃, 진달래 피고 지니 무릉도원이 따로 없을 것이라고, 꾀꼬리 울다가 뻐꾹새 울고 기러기 날아오면 울긋불긋 단풍의 만산홍엽을 감상하는 지상낙원이 여길 거라고.

부푼 꿈의 환상을 가져보는 것만으로도 여생을 보내기에 이보다 더 좋은 곳이 어디 있겠느냐? 화조풍월(花鳥風月, 천지간의 아름다운 경치)의 동화속의 목가적인 풍경을 연상하며 낭만을 그려본다.

이런 것들이 다 내 생각대로 쉽게 연출된다면 전원생활을 하러 지금이라도 당장 뛰어갈 일이다. 그러나 이제 아름다운 환상의 날개를 접고 공상에서 깨어나 현실을 직시하며 타당하고 가능한지 점검해보자.

필자는 농촌에서 잔뼈가 굵었다. 농업학교를 나왔고 4H 클럽 자원봉사자로 군수상과 도지사상도 누차 받았다. 소로 논밭을 갈던 1950~1960년대와 현재를 비교할 수도 없음을 짐작할 수 있으나 기본은 크게 다르지 않다. 농작물은 기후 풍토가 절대적으로 풍흉을 좌우한다. 비가 올지 안 올지, 또 오면 얼마나 올지, 추위는 빨리 올지 늦게 올지 등 자연 여건이 농촌의 희비를 가르고 행불행을 결정한다.

지금은 트랙터, 콤바인, 트럭까지 과학영농으로 축산업을 겸한 기업농으로 고소득을 올리는 젊은 영농인도 많다. 그들은 귀농이 아니라 어려서부터 익히며 산전수전 만고풍상을 겪은 전문 농촌 후계자로 숙달된 전업 농민들임을 알아야 한다. 물론 이들을 모델로 귀농 생활을 꿈꾸지는 않을 줄 안다.

귀농이 아닌 귀촌으로 별장 삼아 넉넉한 수입원이 따로 있어서 이따금 휴식처로 취미생활 정도를 하거나 생활 터전을 기획한 귀농으로 시골에 들어가면 서너 달까지는 아늑하고 원하는 바 달성에 행복감을 느낄 것이다.

몇 달 지나면 서서히 불만이 나타난다. 첫 번째, 밤이면 캄캄하고 답답한 고독감이 엄습해오며 정적과 고요에 지쳐 사람 냄새가 그리워진다. 인간은 서로 얽히고설키며 주고받고 화목과 반목, 이기와 이타의 무질서의 질서 속에 공생공영하며 책무와 의무를 다하며 바쁘게 넓은 공간을 활용하며 사라가는 생활이 보석 같은 존재였음을 깨달을 것이다. 시골은 광활한 공간 속에 있지만 실질적 실용 공간은 제한되어 자유 속에 부자유가 있어 활용 공간이 위축되어 있다.

원주민과의 생활환경과 사고방식이 다른 이방인들이 공동체로 친근하게 동화되기까지는 몇 년이 걸릴지 모르는 고독이다. 삶에는 소비의 즐거움도 있는데 필수품 구하기가 쉽지 않아 적은 물건 하나 사려 해도 많이 걷거나 시간과 돈을 낭비하며 차로 이동해야 하는 불편함과 나이가 많아질수록 크고 작은 병들이 괴롭힐 때 병원과 약국이 멀리 있는 불편함, 응급상항 대처에 신속대응 부재 등 불만은 다양하다.

밭을 200~300평 구입하였다면 경작하기 위해서는 우선 각종 농기구 등 갖추어야 할 것이 너무나 많다. 100평만 농작물을 재배하려 해도 삽이나 괭이로 땅을 파보라. 숙달되지 못했기에 손바닥에 물집이 생기고 허리, 다리가 끊어지도록 아프다. 경작은 시간을 다투는 일들인데 할 일을 제쳐두고 고달프다고 누워서 내일로 미룰 수 없는 것이다.

땅 파기가 쉽지 않아 이웃집에 경운기로 해달라고 부탁할 수 있으나 그들이 한가하게 남을 도울 만한 시간의 여유가 우선 없다. 영농 철에는 눈코 뜰 새 없이 바쁜데 내 일 제쳐두고 남을 돕겠는가? 또한 땅을 파서 씨앗만 심었다고 고추가 열리고 무와 배추가 잘 자라는 것이 아니다. 우선 밭을 파기 전에 퇴비를 충분하게 깔고 질소, 인산, 칼륨 비료를 알맞게 뿌리고 땅을 깊게 파주어야 한다. 비료만 뿌려서는 품질 좋은 농산물을 생산해낼 수 없다. 그래서 뜨거운 여름에 땀 뻘뻘 흘리면서 풀을 베어 작두로 썰어 썩히는 퇴비 만드는 과정이 보통 일이 아니다.

과일 나무도 저절로 커서 꽃 피고 열매 열어 탐스럽게 익어가는 것이 절대 아니다. 봄이 오면 가지 치기를 해야 하고 나무 주위를 파고 퇴비를 묻어주고 병충해 방제도 빠트릴 수 없으며 너무 많이 붙은 꽃이나 열매도 솎아주어야 큰 과일을 딸 수 있다. 이런 일을 하지 않으면 열매는 주렁주렁 많이 열리나 너무 작은데다 벌레들이 자기 동네 만들어 형님 동생 불러다가 산다.

인위적인 일만 충직하게 하며 풍작을 예상한 것은 아직 시기상조다. 농사철에 비가 열흘 정도만 오지 않으면 채소 잎들은 축 처져 물 좀 달라고 아우성이다. 샘물이나 흐르는 개울 물이라도 물지게로 퍼다 주어야 한다.

아무리 더워도 밭에 잡초를 뽑아주어야 하는데 한 번만 뽑아주면 좋으련만 잡초는 농작물보다도 번식력과 초세가 강하여 김을 매주어도 며칠 지나면 또 무성하여 수확까지 3~4회 매주어야 작물이 잘 자란다.

이것이 전부가 아니다. 천재지변, 즉 비가 필요량 이상 와서 채소밭을 망치는가 하면, 돈 들이고 힘 들여서 잘 자란 과일을 심술궂은 폭풍이 떨어뜨려 땅바닥에 뒹구는 광경을 보면 가슴 아픈 농민들의 마음을 헤아릴 것이다.

겨울에 예상치 못한 폭설이 내리면 고등 원예나 화훼나 인삼의 보온시설인 비닐하우스가 폭삭 내려앉아 오이, 고추, 인삼 등 활짝 핀 꽃들이 얼어서 추한 꼴을 지켜보며 망연자실한 농심을 보았으리라.

농민들은 한번 실농하면 투자비 회수가 문제일 뿐만 아니라, 뼈 빠지는 노동력과 비료 값 등 각종 부채와 일 년 동안의 생활비와 영농비, 자식들 교육비를 빚이라도 쓰며 일 년을 버티며 또다시 예측 불허된 농사철을 기다려야 한다. 다른 일들은 실패했을 때 자금만 있으면 금방 다시 시작할 수 있지만 농업은 그럴 수 없는 특수성이 있다.

전원생활의 환상적인 꿈을 실현하고 싶거든 살고 싶은 마을에 가서 방을 세 얻고, 땅은 유휴지가 많으니 한 100평 정도를 빌려 1~2년 작물을 재배해보며 조금이나마 체험해본 뒤에 결정해도 늦지 않을 것이다.

필자가 귀농을 말하면서 긍정적인 말은 없고 부정적 말 일변도로 농촌을 '사람 못 살 곳'으로 폄하하는 것 같아 농민들에게 죄송스러우나 귀농인의 정착 성공률이 3퍼센트라고 하는 사실이 농촌생활의 어려움을 웅변하고 있지 않은가.

농촌은 결코 호락호락하게 한가로이 낭만을 허락하는 곳이 아니다. 귀농하려거든 사명감을 가지고 분골쇄신한다는 각오로 2~3년 안에 성과를 기대하지 말아야 한다. 고달픈 영농을 각오하며 건장한 체격으로 가축이라든가 새로운 농법과 작목을 선택하여 배우며 경험을 쌓아가면서 모험 정신으로 최선을 다하면 기대 이상의 행운도 따를 수도 있을 것이니 심사숙고하기를.

여행은 지상낙원

여행은 낭비가 아니다. 견문을 넓히며 인생의 가치와 교양을 높이며 아름다운 추억을 만들고 내일의 삶을 재충전하며, 감동적인 환희를 안겨주는 드라마 주인공이 될 기회라고 생각한다.

우리나라 사람들에게 죽기 전에 꼭 하고 싶은 것이 무엇이냐 물으면 55퍼센트가 여행이란다. 여행은 사치가 아니라 지금 살아 있다는 보람이며, 두둥실 창공을 날을 듯 설렘으로 새로운 환상적인 아름다운 풍광을 바라보면서, 그 나라의 역사를 조명해보고, 선진 문화와 후진의 삶에서 나를 성찰하고 새로운 삶의 활력소를 찾는 수단이 될 것이다.

예로부터 자식을 잘 키우려면 여행을 시키라고 하였으며 어떤 교수는 학생들에게 '첫 번째로 여행을, 다음으로 운동을, 그다음으로 공부를 하라'고 하였다. 그러나 우리가 젊어서 가난하고 어려울 때는 지금 아프리카 오지 민족들의 생활상을 보면 근사치가 나올 만한 후진국이자 빈곤국 그 자체였다. 우선 생존하기 위한 최소한의 먹는 것만이 아니라 문화, 교육, 보건 환경이 그랬다.

황혼기에 접어든 노인들은 고정관념에 매어 돈 있어도 아까워 쓸 줄도 모르며 자식들에게 유산 남길 것만 생각하는 것 같아 안타깝다. 꽤 돈을 모은 어떤 지인은 여행을 권하면 "뭐 볼 것 있다고 달러 낭비하며 나가느냐" 비아냥댄다. 한 고우(故友)는 신장병 투석으로 고생하다가 외국여행 한번 가지 못했음을 몹시 안타까워하더니 100억이 넘는 부동산을 남겨둔 채 부고 한 장 보내주고 작년에 떠났다. 여행은 하지 않았어도 자식들에게 큰 유산을 남겨 살아가게 해주는 것에 더 큰 보람으로 살아갔는지도 모르겠다.

문화 수준과 경제 수준이 높은 선진국일수록 여행 빈도도 늘고 그 질이 높아진다. 나는 50년 전인 1960년도 어머니 회갑 때 제주도 가는 비행기라는 걸 처음 타보았다. 외국여행이 자유롭지 못한 시기에 흐뭇한 황홀경과 여행의 짜릿함을 느끼면서 세상에서 이런 것이 행복이라는 것인가 처음 경험

하였다. 여관이었는데 아침 밥상을 두 사람이 들고 들어오는 큰 교자상에 반찬이 50여 가지인데, 그 성찬을 다 맛보지 못하고 물린 기억을 영 잊지 못한다.

겨울인데도 제주 정방폭포 주변에 우거진 푸른 숲에서 사진을 많이도 찍으며 즐겼는데, 20여 년 뒤에 간 캐나다의 나이아가라 폭포의 물보라에 빨려 들어갈 것 같은 무지개 뜬 장엄한 모습과 물 떨어지는 굉음, 오색찬란한 환상적인 조명의 야경 역시 볼 만했다. 뉴질랜드 남섬 남쪽의 폭포는 수효도 많거니와 스털링 폭포는 몇십 미터 높은 산에서 바다로 떨어지는 차가운 포말을 맞아보며 그 장관이 형용할 수 없는 감동적이었다.

여행이 절대 보잘것없는 낭비가 아니다. 보지 못한 그들은 그야말로 좌정이관천(坐井而觀天, 샘 속에 앉아서 보는 하늘)으로 살며, 구더기는 뒷간을 천국으로 살다간 꼴이랄까!

어느 여름에 프랑스 파리에 갔을 때 문 닫은 가게가 많았다. 가이드 말이 '파리 시민은 극히 적고 외국 관광객들이 거리를 메운다'고 한다. 일 년 내내 피땀 흘리며 모은 돈으로 여름휴가에 멋있는 곳으로 여행 가는 것을 삶의 보람으로 산다고 하였다.

노인들이여! 청춘들이여! 부디 여행을 즐길지어다. 계절 감각을 뛰어넘는 한여름 알프스 몽블랑의 빙하를, 선진 문화 넘치는 뉴욕의 맨해튼을, 웅장한 로마 베드로 성당을, 천재 화가 다빈치의 천장화를, 라파엘로의 명화들을, 런던 템스 강이나 파리 세느 강의 유람선에 몸을 맡기고 양안(兩岸)의 화려한 건축문화와 에펠탑의 웅장함과 오밀조밀한 대리석 문화를, 아프리카 케냐의 자연 동물원을, 불가사의한 앙코르와트의 거석문화를 볼지어다.

여행하며 새로운 절경을 보고 아름다운 풍광 자연을 감상하는 그 장관, 그 감격! 극치의 예술, 식도락의 즐거움, 창공 아래 솜덩이 하얀 구름 위를 날아보고, 칠흑 같은 밤하늘에 비행기 엔진 소리 들으며 우주여행 같은 꿈속에 잠겨보는 황홀한 신비감!

와인 한 잔에 영혼은 행복에 도취되고, 의자 앞 모니터에서는 요염한 여인이 흥을 돋우는가 하면, 유명 오케스트라의 꿈결 같은 아름다운 선율에 비몽사몽 천사가 아른거리면, 꿈인지 생시인지, 이 환상적 광경을 현실로 감상하다니! 아! 행복하구나! 황혼의 축복이여! 낳아주신 부모님께 감사하고 건강을 유지한 내 몸에도 감사한다.

여행량은 인생량이란다. 어르신들이여, 걸어 다닐 수 있을 때 한 곳이라도 더, 한 나라라도 더 절경의 극치를 관광하고, 호화 여객선으로 대서양과 지중해 여행도, 닥터 지바고의 시베리아 설경과 바이칼 호를 선유하며 청정호수의 어물도 즐겨보시라. 나는 블라디보스토크에서 모스코바와 동유럽으로 가는 80세 생일의 행운을 기다렸는데 건강이 길을 막았다. 운명이 마지막 선물을 줄 것인지 말 것인지 기다려 보련다. 세상 마지막 떠날 때 '여한이 없는 삶을 살았노라. 이제 영원한 우주 천국 여행을 가보리라' 하련다.

알뜰한 여행을 즐기려거든 서점에 가면 여행지마다 사진을 곁들여 위치, 기후, 풍토, 풍습, 음식 문화, 특색 등 여러 가지를 다양하게 잘 설명하고 있으니 미리 책으로 답사하면 더욱 추억에 남는 알찬 여행이 될 것이다.

내 몸을 사랑하자

예로부터 '일신천금'이라 하였다. 몸을 금전적으로 평가하는 유쾌한 말은 아니지만 나에게는 내 몸이 가장 귀중한 존재라는 표현일 것이다.

『시경』 기보(祈父)에 "범백군자 각경이신(凡百君子 各敬爾身, 모든 사람들은 각각 네 몸을 존경하라)"이라 하였다. 삼천여 년 전부터 '내 몸을 천시하지 말고 공경하라'는 철학적인 고전을 남긴 것이다. 필자는 통상적으로 육체적인 자아와 영적인 자아로 분류될 수 있다고 생각한다. 즐거움과 행복도 육감적인 쾌락과 영감적 쾌락으로 나눌 수 있으니 일원이체가 아닐까? 육감적 쾌락은 미각, 성, 애무, 댄스, 운동 등으로 얻을 것이며, 영감적 쾌락은 곧 청각, 시각, 환각 등 무형적 내면의 환락으로 여행, 독서, 음악 감상, 자연풍광 감상, 예술작품 감상, 환상 등이 주는 것일까?

육체의 쾌락은 곧 정신적 쾌락이겠지만 내 몸을 사랑한다는 것은 육감, 즉 육체를 의미할 것이다. 실질적으로 갖은 고난을 무릅쓰면서 극복하고 참으며 사명을 다하며 분골쇄신으로 생명을 유지시켜준 육신에 대한 고마움, 그래서 내 몸을 보호하고 아끼고 어루만지며 진심으로 사랑해야 하지 않을까!

젊어서는 나 자신을 사랑한다는 말 자체를 들어보지 못하였기에 무슨 뚱딴지같은 불경스럽고 방자한 소리인가 했다. 자중자애(自重自愛)라는 말은 그저 '행실을 삼가고 부모님이 준 몸을 소중하게 하며 자기주장의 본능에 따른 행동강령' 정도로 알고 있었다.

불교에서는 "천상천하 유아독존(天上天下 唯我獨尊)"이라 하는데, '존'을 '存'으로 잘못 알고 있었다. 그러다 불교의 어느 책에 '높을 존'으로 '하늘과 땅 사이에 오직 내가 제일 높고 귀중하다'는 석가 말씀이라고 되어 있어서 의아스러워 스님들에게 어떻게 내가 제일 존귀할 수 있는지 물어봐도 만족할 만한 답을 듣지 못하고 불교대학 교수님에게 들어보라는 말만 들었다.

부모님이 계시고 스승이 계시고 성인과 현인이 있는데 어찌 제쳐두고 자고자대(自高自大)하며 자화자찬으로 불완전한 인생인 내가 '오직 높고 귀하다'는 안하무인격으로 말할 수 있단 말인가? 인륜 도덕인 장유유서도 망각하고 오직 내가 가장 존귀하면 극단적인 이기로 효와 충과 이웃을 도외시하며 살아간다면 인간의 존엄을 어디서 찾는다는 말인가! 내 몸을 사랑할 수는 있어도 제일 높다고 할 수 있을까? 불교 문외한이 감히 허튼소리 망발을 늘어놓는 것일까?

　인간은 개개인의 소중한 가치를 지니며 태어났다. 내 형체를 이룬 육체를 잘 보호하면서 아끼고 가꾸어서 건강체를 유지하여 결과적으로 국가 가정에 본분을 지키며 무병장수의 기반을 튼튼하게 하는 것이 나를 사랑하는 것이 아닐까! 노자도 "애이신위천하 약가탁어천하(愛以身爲天下 若可託於天下, 자신을 천하보다 사랑하는 사람에게 천하를 맡겨 다스리게 할 만하다)"라 하였다. 자신을 귀하게 여기고 사랑하는 사람에게 나라를 다스리게 할 수 있다는 것이다. 우리는 살아오면서 의식적, 무의식적으로 자신을 얼마나 잔인하게 학대하면서 살아왔는지 생각해보면, 내 몸에게 애처롭고 미안스러움을 이제야 깨닫게 된다.

　파란만장한 삶을 뒤돌아보면 마음으로나마 내 몸을 끌어안고 어느 때 애정 표현 한번이라도 하였던가? 잘 먹이지도

입히지도 못하면서 소 부려먹듯 노예보다 더 혹독하고 홀대하였으면서도, 의식하지 못하고 당연시하면서 살아왔다. 또한 자천배타 자비존인(自賤拜他 自卑尊人, 자신을 천하게 여기고, 나를 낮추고 남을 높이는 것)하며 지나친 예의와 겸손 비굴한 굴종으로 살아온 것이 나의 삶이었다.

지금 젊은이들의 삶은 어떤가! 극단적인 이기심과 경쟁적인 과시와 탐욕으로 자신의 미를 추구하며 부모님이 주신 소중한 분신인 얼굴을 뜯어고치고 못생겼다 학대하며, 자기 불찰로 돼지같이 살찌워놓고 자기 몸을 원망하며, 병원에 가서 비계 덩어리를 떼어내며 자애가 아닌 자해를 서슴지 않으니 낳아 길러주신 부모는 안중에 없고 머리에서 떠난 지 이미 오래된 망나니들인지!?

효를 말하면 시대착오로 뒤떨어진 망령 든 늙은이들의 봉건적 괴변의 독백으로 코웃음 칠 젊은이들이 대부분일 것이다. 부모의 돈이 아니라 스스로 벌어서 쓴다면 좀 이해할 수 있겠으나, 피땀으로 벌어온 부모 돈을 고맙게 여기기는커녕 자기가 번 용돈쯤으로 착각하는 철부지의 불한당 같은 것들이다. 그런 호래자식에게도 웃고 참으니 그 부모는 무능한 부모들이 되었다. 옛말에 "내 몸은 부모에게서 받았으니 감히 훼손하지 않는 것이 효도의 시작이다"라고 하였다.

일제의 강요로 상투머리 자르라고 삭발령(1896년)을 내리자 '불효막심한 천벌을 받을 명'이라고 하늘같은 임금의 어명도 무시하고 민란이 일어나, 장관 두 사람(총리대신 김홍집과 농무대신 정병하)을 살해하니 삭발령을 거두고 백성들 자의대로 하도록 명하였다.

요사이 어린 학생들마저 신체 훼손뿐만 아니라 성적이 좀 떨어졌다고, 따돌림을 당한다고, 부모가 꾸짖는다고, 존귀한 내 몸을 아무렇게나 헌신짝 버리는 일이 유행처럼 번진다 한다. 용감무쌍한(?) 철부지들로, 하나만 둔 부모의 가슴에 철못을 박고 떠난 불효자식들이 많다는 것은 효와 자애와 인고의 부재에서 왔다고 볼 수밖에 없다.

나를 진실로 최후까지 아끼고 사랑해줄 사람은 오직 나밖에 없으니 내 몸을 감사하며 이따금씩 꼭 껴안고 입맞춤이라도 해보시구려.

자식에게 무능하면 쪽박 차는 세상

천륜이 맺어준 혈연으로 태어난 자식, 금이야 옥이야 이보다 더 소중하고 사랑스러운 것이 이 세상에 또 있을까! 내 영혼과 육신의 분신, 그 누구보다 즐거워하시는 부모님에게 손자를 안겨드렸다는, 그 뿌듯함을 무슨 말로 표현할 수 있으리오! 그러기에 나의 모든 것을 희생하며 고이고이 길렀다. 잘 먹이고 더 많이 가르치고 싶었으나 한계를 벗어나지 못했을 때 무능과 자괴감으로 목이 메일 때가 얼마나 많았던가!

이제 귀여워만 하던 자식들은 어느새 아비보다 훨씬 커졌다. 신체적 외형도 컸지만 지식과 지혜가, 인격이 높아졌다.

황혼기에 접어들고 심신은 날로 쇠락해지며 모아놓은 것이 초라하여 노후 대책을 세우지 못하였기에 앞으로 살아갈 일이 막막한 부모들이 대부분일 것이다. 농경 사회에 우리가 지켜온 효 사상은 멀어지고, 자식들이 불효자식이 아니기를 기대해본다.

생존경쟁의 치열함에서 낙오되지 않으려 최선을 다하는 자식들이 있는가 하면, 일부는 잔머리 굴리다가 큰 노다지라도 발견한 양 사업이라는 부푼 꿈으로 여름 풍뎅이 불빛 보고 달려들듯 실천하려 든다. 청사진을 그리며 예산을 세워본다. 사업을 시작하려면 자금이 기본인데 백수건달이 돈을 어떻게 마련하느냐가 문제다. 우선 엄마를 설득하려 들며 협박 비슷하게 나오면 못 배운 부모들은 반신반의하면서도 '부모 된 죄' 한탄하면서 생명줄인 연금을 또는 집을 저당 잡혀 대출받아 또는 부동산을 팔아 창업자금을 주어보지 않는 부모가 거의 없으리라!

사업이 어디 그렇게 만만하단 말인가! 밑바닥 경험도 없는 무모한 도전은 시작부터 잘못이다. 이 사실을 알 때는 다 날려버린 뒤가 되어버린다. 날마다 불어나는 이자와 자잘한 빚 독촉을 어떻게 감당한단 말인가! 집은 경매로 넘어가고, 연금은 줄었거나 없어지면 늙은이들은 한숨으로 잠 못 이루며 다시 생활전선으로 나가 아파트 경비라도 찾아보지만 나이 많다고 거절당하기 일쑤다. 우선 지하 월세 방을 찾아보는 처량한 노후를 맞이한 채 손수레 끌고 고물 줍는 비참한 생활, 병고에 추운 겨울과 배고픔을 참으며 돌이킬 수 없는 후회를 하면서 살아가는 노인들을 주위에서 흔히 본다.

뉴스를 보면 노인 학대 1위가 아들이란다. 복지관이나 종묘공원에 영하의 추위를 아랑곳하지 않고, 한 끼 밥을 동정 받는 애처로운 모습, 신세타령 하는 사람들, 한결같이 자식 무용론으로 이 꼴이 되었다고 목소리를 돋운다. 자식이 있다고 국가의 복지 혜택도 받지 못한다며 한숨 쉬는 그들, 금수저를 주지 못한 우리들은 어떻게 하란 말인가! 늙은이의 욕심만으로 잘살아보겠다는 자식을 수수방관하며 소 닭 보듯 냉혈부모가 되어 무자비하게 혈연을 끊으란 말인가?

주어진 조건들이 천차만별하여 일률적인 묘책은 없을 것이다. 미리 형편에 따라서 예고를 철저하게 했어야 한다. 한 방송 프로를 보니 자식 뒷바라지를 언제까지가 좋으냐는 질문에 대학졸업 때까지가 38.3퍼센트고 대학 입학까지가 15퍼센트였다.

일본이나 미국, 유럽 등 선진국에서는 부모가 잘살아도 자기 형편껏 가르치고는 자생하라고 내쫓는다고 한다. 자식들도 그러려니 받아들여 자립하려 노력한단다. 미국에서는 대학 졸업하고 취직 못하면 부모 집 찾아가는 것이 아니라 곧 바로 밤에 노숙하며 낮에는 아르바이트로 돈을 번다고 한다.

우리나라는 캥거루 새끼 같은 자식의 생활비에다, 손자 장학사업까지 하는 못난 늙은이들이 부지기수다. 사지 멀쩡히 건강한 놈이 허리 굽은 어머니가 고물 주어 몇 푼 가져오면 빼앗아 술 사먹고 놀면서 돈 벌어오라고 때리며 쫓아낸다는 하소연도 직접 들었다..

부모들도 결혼까지만 도와주겠다든지, 집까지만 사주겠다든지, 형편에 따라서 선을 긋고, 철저히 자립심을 기르도록 단호하게 쫓아내야 한다. 눈물 콧물 흘리면서 잠 못 드는 고뇌의 밤을 지새우며 처절한 괴로움을 겪어야 당당한 한 인간이 된다.

이명박 대통령도 구두 닦기 신문팔이를 하지 않았는가! 스티브 잡스도 고물차 안에서 시작한 사업이 세계 제일의 갑부가 되었다. 입지전적 인물이면서 농림수산식품부 장관을 거절한 하림그룹 창업자 김홍국 회장은 아들이 네 명이나 되어도 회사에 얼씬도 못하게 한다는 것이다. "스스로 직장을 구해서 서운한 일, 억울한 일을 겪고 귀싸대기도 맞으면서, 바닥부터 배워 자생력을 키운 뒤에 '쓸 만하다' 싶을 때 스카우트하고 별 볼일 없으면 할 수 없다"고 하였다. 대기업가다운 발상이다.

실패와 처절한 시련 없이 화려한 영광을 기대하는 것은

도적 같은 생각이며 망상이고 허상일 뿐이다. "부모 봉양은 빚을 갚는 것이고, 자식 키우는 것은 노후의 저축"이라고 하였다. 바위 위에 우뚝 솟아 자란 한 그루의 고고한 소나무처럼 의젓한 한 사회인이 될 앞길을 막지 말자.

늙어 술도 섹스도 못하니
무슨 재미로 사느냐

　50대 말의 덩치 좋고 건장한 젊은이가 "정력은 약해져 여자 곁에 가기도 주저스럽고, 술도 많이 못 마시게 되었으니 돈 모아 어디다 쓰느냐? 차라리 빨리 죽는 것이 낫겠다!"라고 일갈하며 주위에 동의를 구하는 것을 보았다. 그러자 주변에서 "70대 초반만 해도 젊은 여인들과 동침하며 즐겼는데 이제 아무리 많은 돈을 모은들 쓸 곳이 없다"며 맞장구를 쳤다. 진담인지 농담인지는 아리송하지만 이런 말에 동의할 수 없으며 그런 망언과 염세적인 사고에 빠져 들지 않은 것만으로도 얼마나 다행스러운 삶인가.

　그들은 인생의 가치관을 찾는 유일한 방법이 성과 술밖에 없는 것일까? 가련하고 측은한 동정심마저 든다. 술은 인생 살이에 중요한 위치에 있는 것만은 확실하다. 우선 선영봉사에 제주가 빠질 수 없으며 손님 접대와 친교의 수단이며 농주는 작업의 능률을 높이고 피로회복의 역할을 톡톡히 해준다. 그러나 주유성패 불가범음지(酒有成敗 不可泛飲之, 술로 인하여 성공하기도 하고 실패할 수도 있으니 함부로 많이 마시지 않음)라 함부로 많이 먹지 말라고 하였다. 1960~1970년대 가난하게 살 때 술과 밥을 마음대로 먹을 수 있는 일은 부의 상징인 오복을 갖춘 부자들이나 가능한 일이었다.

우리의 마음을 즐겁게 하는 것들은 오감을 통한 육감도 있지만 정말 흐뭇한 행복감은 정신, 즉 자기 영혼과의 교감에서 울어 나오는 정감이 더 소중하고 값진 것이 아닐까! 자연의 풍광을 신앙을 음악을 감상한다든가, 아름다운 시를 명화를 지적 수준을 높이려는 학습의 성취감 등 무형 유형의 예술적 소재들이 우리 주위에는 얼마든지 있지 않은가! 그들은 동물적 원초적 본능인 섹스와 먹는 것만을 위해서 살아왔단 말인가!

성욕과 식욕은 생과 번식을 위한 지극히 당연한 본능적인 욕구임에는 틀림없다. 그러나 이것을 생명과 바꿀 수 있는 지고지대한 위치에 둘 수 있는 것일까! 태어나 자라면서 지적 수준과 생활환경과 고매한 사고로 희망과 이상은 바뀌어가기 마련이다. 후진국의 오지 깊은 산속에서 사는 소수민족들은 자기들이 제일 잘살고 자기들이 믿는 원시 종교를 전지전능한 최고의 구세주로 받들며 제일 행복한 생활을 한다는 자부심을 가지고 살아간다. 그들은 척박한 자연환경에서 대대로 원시적 전통으로 문명을 갖추지 못하였고 자기계발이 무엇인지도 모른 채 이어온 전통을 최고인 양 안주하며 전기도 들어오지 않는 악조건의 오지에 살면서 소통과 교류가 없고 교육의 기회가 없어 전통을 고수하며 의식주를 원시적으로 자체 해결하여 발전의 기회가 없었을 것이다.

노인들은 어떤가? 일부겠지만 넓은 의미의 사회상식과 소통의 교류와 융화의 기술이 부족하고 지성을 쌓을 기회가 없고 건전한 취미가 별로 없다. 여행을 다니며 새로움을 보고·들을 기회가 적었으며 귀동냥 눈동냥 추상적으로 조금 아는 것을 세계를 다 아는 양 허세를 부리며 산다. 새로운 세계에 경이로운 유적 자연의 기기묘묘한 아름다운 풍광을 보지 못했으며 조그마한 텔레비전 화면으로 본 편린들의 상식으로 현실의 괴리를 이해하지 못한다.

파리의 에펠탑을 책이나 화면을 볼 때는 사람이 오르내린다기에 사다리나 층계 정도의 시설로 한두 사람씩 오르내릴 것이라고 추상했는데 현지에 가서 그동안 개구리로 살았음을 깨달았다. 우선 그 높이와 크기의 규모가 웅장함에 압도

되었다. 탑의 다리발 사이 거리가 50미터 정도 보이며 70명 정원의 엘리베이터가 있어서 한 대는 실어 올리고, 한 대는 계속 실어 내리고 있었다. 높이는 기억할 수 없으나 전망대에서 파리 시내가 내려다보였으며 관광객은 200미터쯤 줄을 서서 기다렸다. 정말 백문이 불여일견으로 추상과 현실의 차이가 하늘과 땅 차이만큼이나 크다는 것을 느꼈다.

각국의 관광명소를 다니며 그 나라의 삶과 문화, 음식을 다양하게 맛보며 고급 호텔에서 안락하게 지내며 여행을 즐길 줄 알았다면 성과 술에 집착하지 않고 최고의 가치가 아님을 조금은 알 수 있지 않을까!

좀 더 여유가 있다면 바다의 궁전 같은 크루즈 여행을 해보며 정말 돈을 쓸 곳이 없다고 할 수 있었을까? 시간 있으면 고스톱 치고 술이나 마시며 낮잠이나 즐기고 밤에는 텔레비전이나 보고 있으니 고귀한 생명의 가치를 모르는 불쌍한 사람들이라고 생각한다.

1960년대 GNP 100달러 시대의 이상적인 목표가 술, 쌀밥, 고기를 매끼 배불리 먹을 수 있는 것이었으니, 술은 곧 유복한 부자의 권위의 상징이자 호사의 일순위였다. 술을 넉넉히 마시고 트림하며 불그스레한 얼굴로 큰 기침하면서 동리를 갈지자 걸음걸이로 목에 힘주고 "나 술 먹었노라" 뻐기면서 거들먹거리며 다니는 부잣집 영감님을 최고의 팔자 좋은 축복받은 사람으로 추앙하며 선망의 대상으로 살아왔다.

요사이 시골에 가보면 집집마다 소주를 됫병으로 사다 놓고 수시로 마시며, 돼지 한 마리를 몇 사람이 잡아 냉장고에 가득 채워두고 주거니 받거니 먹어댄다. 의학상식이 없는 그들의 몸이 어떻게 되겠는가? 비만, 고지혈증, 당뇨, 고혈압, 과체중, 관절염, 간경화 등으로 세상을 빨리 하직하니, 배고픔의 한풀이로 폭음 과식의 결과가 이제 재앙이 되었다. '술을 적당하게 마시면 보약보다 좋다'는 속설이 있으나 어디까지가 적당량이며 횟수의 제한과 기준이 없으니 자의적으로 마시다가 알코올 중독에 빠지기 쉬운 것이 현실이다.

미국 하버드 대학의 건강 서적에 와인 한 잔을 먹어도 뇌신경에서 신경세포가 파괴된다고 하였으나 선택은 개인들의 자유다. 그러나 늙은이들이 술과 섹스를 삶의 지상 목표로 살아가는 것이 장수의 축복이자 행복의 극치가 아니다. 이런 것을 삶의 한 부분으로 여기며, 더 품격 높은 여생을 즐기며 살아갈 수 있는 능력을 키워가는 길을 찾아 영혼과 춤추는 즐거움을 얻을 수 있도록 노력하면 좋으련만.

서예, 한아한 묘경의 환희

주위에서 60~70세에 취미생활으로 서예에 입문하는 분들을 많이 본다. 서예는 전통문화로 자리매김하며 이천여 년을 이어온 지식 전달 매체로, 고귀한 기록유산으로, 조형예술로 창작되고 발전되어온 우리 문화다. 지식인의 기초적 교양이자 숭고한 인격도야의 수단으로 산만한 정서를 한아(閒雅)하고 정숙한 묘경(妙境)으로 이끌 수 있는 서도예술이다.

연마하여 자손들에게 가훈 하나라도 남길 수 있으며 동호인의 새 친우도 사귀는 기회로 여겨 큰 용기 내어 문을 두드린다. 이제 작심삼일이 되지 않도록 오랜 연륜을 자신과의 힘겨운 투쟁과 각고로 서법을 전수받으며 변화와 창조적 자기예술을 접목해보며 작은 신선이 되어보는 것이다.

문방사우(文房四友)를 갖추고 아늑한 창문 아래 산만한 심신을 가다듬어 연적의 물을 부어 긴 먹을 잡고 슬슬 갈면 은은하고 그윽한 묵향이 방을 채워 내 몸을 감싸고 서체를 영혼으로 구상하며 무념무상의 정적에 잠겨본다. 필을 허장실지(虛掌實指, 손바닥을 비우고 손가락에 힘을 실어 쓴다)하고 현완직필(懸腕直筆, 팔을 바닥에 대지 않고 붓을 곧게 쥐고 글씨를 쓰는 자세)로 하얀 화선지에 일필휘지(一筆揮之)하여 필력을 물 드리면 천지조화의 영감이 꿈틀거린 듯 벅찬 환희에 만족치 못하나마 성취감의 뿌듯한 행복에 잠길 수 있을 것이다.

필법을 익혀 법첩과 채본의 임서로 기본 연습을 반복해야 한다. 무엇이나 일조일석에 이룰 수 있는 것은 없듯이 서예 역시 정렬과 인내로 꾸준한 시간과의 경쟁이다.

필자는 일제강점기 때 5살에 서당에서 처음 붓글씨를 접하여, 너도나도 가난할 때 귀한 백지 한 장 혹은 신문 한 장 어쩌다 구하면 좋아서 앞뒤에 쓰고 또 쓰고 먹지 되면 버렸다. 젊어서 평상시에도 지필묵과 책은 항시 준비해두고 한가한 시간에 한문과 한글을 한번씩 써보았으나 체계적인 필법으로 학원에 가서 '서예'를 배우기는 50여 세 지나서였다. 7~8년 자습, 복습하며 유명한 스승의 지도도 받으며 몰두하였으나 필력의 진도는 제자리를 벗어나지 못한 듯하였다. 필재가 없음에 한탄스러워 몇 번이나 포기를 생각하였으나 미련하고 고집스럽게 한 장 한 장 한두 시간씩 써나갔다.

다만 작년 필적보다 조금 나아졌음을 위로 삼았으며 단시일에 일취월장할 수 있는 것이 아님을, 특히 다른 필우들도 나와 똑같은 마음임을 알았으며 대가 왕희지(王羲之)도 벼루를 몇 개나 구멍 내고 화선지를 짐으로 사다가 썼다는데, 나는 벼루가 조금 닳았는지조차 분간할 수 없는데 무엇을 기대한단 말인가! 방자한 도둑의 마음이라 자책하며 또 벼루에 먹물을 가득 부어 구도의 마음으로 구양순의 해서부터 왕희지와 안진경의 행서, 예서, 서보의 초서 등 스승의 지도를 어기고 쓰기를 수년에 평가를 받고 싶어 서예국전에 몇 번 출품하여 입선의 영광에 기뻐했다. 뿌듯한 성취감을 느끼며 이 경지까지 왔구나 자축하며 보람을 느낀 기억이 새롭다.

옛말에 부잣집에 명필 나고 가난한 집에 문장 난다고 하였다. 날마다 쓸 화선지 값도 무시할 수가 없다. 스승님은 화선지에 써야 정신이 집중되니 다른 종이에 쓰지 못하게 하였는데, 어려서 스승님도 모래에도 쓰며 배우셨다고 하시지 않았는가? 벼루에 물을 붓고 '먹을 정성으로 갈라'고 하셨지만 큰 벼루에 맹물을 가득 부어 진하게 갈려면 팔도 아프고 시간이 아까워 파는 먹물을 붓고 물도 부어 갈면 쉽게 짙은 먹물이 된다.

나는 중개사업 하며 고물상에 가서 신문을 무겁게 사 들고 흐뭇한 풍요를 느끼면서 정성으로 열심히 썼다. 집에 온 신문까지 합하면 아마 지게 몇 짐은 되었을 듯하다. 그리고 동대문 시장 지물포에서 중국산 화선지를 연(連, 전지 500장)으로 사서 횡으로 재단하여 들고는 올 수 없을 양을 사다 썼다. 정성으로 많이 쓰는 다른 속필법은 절대 없으며 선배들이 보면 몇 년 썼겠다는 것을 금방 안다. 한글 서예도 하지만 기본은 한자를 위주로 써야 하지 않을까!

서체가 다양하여 어떤 체로 쓸까 고민할 때도 있는데 고대 중국 주나라 말기의 대전(大篆)부터 근대의 초서까지 대체로 여섯 가지 체가 있으며 우리나라의 한석봉체나 추사체가 있으나 해서와 행서가 주류를 이루고 초서가 가미될 정도다. 물론 학원에 가면 초보자에게는 무조건 '구양순' 해서의 서법을 가르치는 곳이 대부분이다. 청소년에게는 당연한 학습법이겠지만 노년층은 근육이 굳어 유연하지 못하고 손 떨림도 있어서 필력과 운필에 한계를 느끼며 초등학교 1학년 글씨 같은 볼품없는 해서체에 얽매이기보다 초보지만 예서나 행서를 써보는 것이 효과적이라고 본다.

처음 학원에서 구양순체의 한일자를 일주일 열흘 쓰라고 하면 대부분 자격지심에 이 짓을 계속 할 것이냐 말 것이냐 망설이며 고민하기 쉽다. 옆에는 초중고생들이 달필을 자랑하면서 힐끗힐끗 쳐다보며 조소를 보내는 것 같아 어른의 체모가 말이 아니며 자존심 상하지 않는다면 거짓말일 것이다. 예서나 행서를 가르치면 자기 수준을 인정해준 것 같고 필력 필세가 불완전해도 용필을 터득하면 우선 보기에도 좋고 초등학교 1학년 글씨 같지 않아서 자존심 덜 구겨진다. 정도라면 1~2년 해서를 쓴 뒤에 행서를 써야겠지만 목적이 수준 높은 전문가가 되기보다 소일 삼아 취미 활동이라면 예서나 행서가 낫다.

예술이 다 그렇지만 필자는 투자한 정력에 비해서 진척 결과가 너무 더디고 초라하여 세월의 낭비 같아서 손자가 서예를 가르쳐 달라고 해도 응하지 않고 있다. 남에게 작품을 보이려면 최소한 10년은 정진해야 가능하다는 것이 서도계의 정설이다. 글씨깨나 쓴다는 말을 들을 정도로 작은 비문이라도 부탁받을 정도가 되려거든 30여 년을 써야 가능하고, 서예협회 국전 특선에 선발될 수 있다고 한다.

몰아지경에 빠져 심신이 평온하고 정화된 행복감을 얻는 것만으로도 글씨가 잘 되든 못 되든 자부심과 삶의 가치와 새로운 자아를 발견하게 되며 서도의 장점을 인정할 만할 것이다. 대부분 초보자들이 일 년에 손톱만큼 느는 것 같다고 하는데, 이 말을 염두에 두고 내가 모르는 내 특별한 소질을 발굴하는 기회를 맞이했구나 생각해보자. 기왕 시작하면

·대가로 성장하여 서예협회 국전에 금상을 바라보며 명필의
꿈을 가져보시기를 바란다.

털 빠진 한 쌍의 원앙으로

애지중지 키운 자식들은 제 둥지 찾아 떠나고, 새로운 정을 듬뿍 쏟은 손자들도 가슴으로 우는 할애비의 애틋한 사랑을 아는지 모르는지 손 흔들며 떠났다. 넓은 집에 댕그러니 을씨년스러운 고요함이 내려앉은 방에 둘만 남는다. 시원섭섭함이 이때 어울리는 말인 것 같기도 하고. 자식이 성장하여 홀로 서서 당당한 가장으로 한 지아비로 파도를 헤치며 떠나는 선장으로 장도를 출발하는 개선장군이 되기를 빌며 보냈다.

우리는 유산도 없이 생존경쟁에 낙오되지 않으려 눈코 뜰 사이 없이 한술이라도 더 먹이고 가르치려 불철주야 멸시와 천대에도 동분서주 뛰어왔다. 이제 어엿이 홀로서기를 하려고 떠나가는 모습에 부모의 임무를 한 것 같아 뿌듯하기도 하고 잘 헤쳐 나갈까 불안한 마음도 떨쳐버릴 수 없어 착잡해졌다. 더울 때 옷 벗고 욕실에 갈 수도 없었고 한여름 외출에서 들어와 훌훌 벗은 채 누울 수 없는 불편함이 사라졌다.

이제 늙은이 둘이 둘이 서기를 하여야 한다. 우선 기본적인 경제 문제를 해결해야 원앙이 되든 잉꼬가 되든 하지, 재원이 보장되지 못하면 처량한 몰골로 원앙은커녕 까마귀도 되지 못할 것이다.

50대 부인들이 제일 좋은 것이 돈이고, 제일 거추장스러운 것이 영감이란다. 농담 같지만 부인들의 진실한 속마음일지도 모르겠다. 젊어서 노후 대책을 잘하여 연금을 받거나 부동산을 넉넉하게 가진 사람들이야 걱정 없겠지만, 50퍼센트가 노후 준비를 못했다니 자식들의 도움을 바랄 수밖에 없을 형편이라면 살아갈 일이 심히 난감할 따름이다.

늙어 서로 팔이 되고 다리가 되어 오순도순 소꿉장난 친구같이 부러움의 시선을 받으면서 여행도 하고, 등산도 다니며 행복스럽게 살아가는 부부가 있는가 하면, 서로 잘났다고 예전에 어쨌느니, 미주알고주알 한 치의 양보도 없이 티격태격 '이 원수 저 영감탱이' 싸우면서 살아가는 부부가 더 많은 것 같다.

그런데 생리적인 이유가 있었다. 남자는 남성답게 하는 남성 호르몬 배출이 점점 줄어들고 여성 호르몬이 많아져 여성화되고, 여성은 그 반대로 남성 호르몬이 많아져 남성화되어 큰소리치며 왈가닥으로 영감을 리드하며 무시하는 듯 행동한다는 것이다. 자존심을 생활철학으로 소중하게 살아오다가 무용지물 같은 자격지심의 허무감에 하루하루를 버티어 살아가는데 아내마저 무시하는 태도에 잠재된 격정이 폭발하여 고성 패설이 오고가며 다투다가 남이 들을까 무서워 남성이 판정패로 끝날 때가 많다. 옛날에 쌍놈 집안에서나 있을법한 일이지만 여존남비(女尊男卑)로 설전이 비일비재하니 시대의 조류라 생각하고 지는 척 살아갈 수밖에 없지 않은가!

어떻게 황혼의 노을을 아름답게 색칠하며 제3의 인생을 장식하다가 떠나야 할까! 둘이서 역할 분담과 협력으로 슬기롭고 조화롭게 서로 존경하고 양보하며 살아가는 것은 의무며 권리다. 서로 잘났다고 단점이나 들추어내며 서로 죽어라고 아웅다웅 시시비비 아귀다툼으로 황혼이혼 따지다가 법정에 왔다 갔다 하다 보면 스트레스 받아 우울증이 따라오고 면역력이 떨어지면 이 병 저 병 앓다가 주어진 천명도 못살고 떠난다.

젊은 사람들의 이혼도 80퍼센트가 후회한다고 하는데 황혼 이혼이 유행처럼 번진다고 한다. 그런데 재혼하면 정말 행복할까! 황혼 재혼도 처음에는 서로 조심하며 알콩달콩 여행과 식도락을 즐기면서 지내다가 일 년 남짓 살아보면 서로 단점만 부각되며 옛 짝과 견주어도 그놈이 그놈이고 그년이 그년이더란다. 재혼한 남자들에게 행복하냐 물으면 열이면 아홉은 고개 절레절레 흔들며 본처 죽으면 혼자 살아야지 절대 재혼하지 말라고 한다. 서로 기대치가 높았으니 실망감도 클 수밖에 없었을 것이다. 또 어떤 여자들은 부동산을 욕심내고 결혼신고 하고는 개떡 보듯 제 마음대로 남편을 거지 취급 하고 전남편과 낳은 자식들에게 재산 빼돌리기 바쁘다고 한다.

댕기머리 맞풀고 만나 몇십 년 한 이불 속에 동고동락하며 인고(忍苦)의 세월을 살아왔으니 여생 힘들어도 참고 살다가 해로동혈(偕老同穴, 살아서 같이 늙고 죽어서는 한 곳에 묻힌다)하면 열녀 되어 유인 ○○○씨 묘의 비석 앞에 자자손손 극진한 숭모의 재배를 받을 수 있으나 재혼하러 떠나면 어느 자식 손자가 양위(兩位)로 모시겠는가! 죽으면 쓸데없는 짓이라지만 전통과 예의를 소중하게 여기는 근본 있는 양반 가라면 미풍양속으로 면면이 이어가고 있지 않는가!

부디 서로의 잘못을 덮고 용서하며 계피학발(鷄皮鶴髮, 닭의 살갗과 학의 머리털)로 털 빠진 잉꼬일지언정 다정다감한 행복을 만들며 살다가 머지않아 고자과학(孤雌寡鶴, 짝 잃은 외로운 학)으로 남편이나 아내를 먼저 보내고 외기러기로 살아가야 한다. 그러자면 마음의 준비가 필수다. 살았을 때 서로 위로하고 등 가려울 때 긁어주며 잉꼬보다 고고한 학처럼 살다가 저녁밥 잘 먹고 한 이불 속에 자다가 한날한시에 함께 떠나구려.

즐거운 클래식 음악을

클래식은 서양 고전음악으로 대부분 난해하고 시끄럽고 신나지 않은 음악이라고 가까이하지 않으려는 사람들이 많다. 클래식이 고전적이고 추상적인 기악이라 감상하기란 쉬운 것 같으나, 실제 어려운 부분이 많은 것이 사실이다. 명연주가가 선보이는 격조 높은 작품을 들어도 감흥이 극치에 오르기까지는 수년이 걸리는 고급 문화로 어쩌면 좀 사치스럽다고나 할까! 감상은 "음악을 예술적으로 즐기는 능력"이라고 하였으니 이 능력을 지니기까지는 관심을 가지고 부단한 노력이 필수다.

우리 세대는 먹고살기 어려운 때 태어나 교육을 제대로

받지 못하여 서양음악의 기초가 부족한 것도 사실이며, 접할 기회가 적고 관심도 없었으며 나와는 무관한 소 닭 보듯 하며 살아왔다. 많이 배운 부유한 사람들이나 서양음악에 취미를 가진 몇몇 인텔리나 학교 음악선생님, 대학 교수들, 서양의 귀족들이나 즐기는 음악 정도로 여겼다. 사실은 클래식 음악의 존재와 실체의 정의도 모른 채 살아왔다고 해도 무리가 아닐 것이다.

유행음악은 어떤가? 각종 매스컴이나 주위에서 또는 노래방이나 모임에서 자주 듣고 보며 어깨가 들썩거리고 흥이 나고 대중적으로 접근할 기회가 많아 자연히 쉽게 따라 배워졌다. 유행음악이라고 해서 흥미 위주의 저급한 서민 음악이라고 폄훼할 생각은 추호도 없다. 우리는 살아온 과정과 환경 때문에 고전음악을 멀리할 수밖에 없었다. 그렇다고 고급스럽고 스케일이 크고 웅장한 천상의 소리의 향연을 나와는 상관없는 것이라 도외시할 것인가!

감상은 관능의 만족에서 출발하여 아름다운 미적 가치 체험의 높은 수준으로 옮겨가는 과정이라고 하였으니 심미적 창작이라고도 할 수 있다. 공부하기 어렵다고 공부 안 한 사람은 평생을 무식으로 살다 갈 수밖에 없지 않은가?

바흐는 음악을 감상하는 것은 '신에 이르는 길'이라고 하였으니 어찌 일조일석에 조금의 노력으로 신의 경지에 이를 수 있겠는가? 인간은 지성과 선을 추구하며 행복하기 위해서 산다. 행복의 한 수단으로 여러 취미 가운데 하나로, 참다운 가치를 찾아 법열에 이를 수 있도록 클래식을 적극 감상하라고 권하고 싶다.

유행음악도 경음악으로 멜로디만 들을 수도 있지만, 가사를 알아야 유행음악의 진면목을 알고 감상할 수 있으며 따라 부를 수도 있고 흥미를 느낄 수 있을 것이다. 오페라나 뮤지컬은 문학적 표현의 가사를 알아야 감상할 수 있으니 이해하기 더욱 어려운 것이 사실이다. 서양에서도 1750년경부터 기악이 발전하고 융성하여 일부 귀족들이 즐겼다고 한다.

관현악이나 심포니 오케스트라 연주는 듣는 것만으로도 우리의 감정을 유쾌하게 하고 삶의 활력소가 될 수 있으니, 행복한 희열감에 빠져보자는 것이다. 한 신문 기사에서 어떤 젊은이는 미국으로 유학 간 뒤 클래식을 이해하려고 하루에 두어 시간씩 2년을 들었는데 그것만으로 상당한 수준에 이르러 '삶이 행복하고 풍요로워졌다'고 한다.

초보로 익숙하지 못했을 때는 소품으로 '엘리제를 위하여' '소녀의 기도' '유머레스크' '뻐꾹 왈츠' '윌리엄 텔 서곡' 등을 자주 들어본다. 음반 가게에 가면 소품만 수록된 음반이 다양하게 있으니 접하기도 쉽다. 한참 소품을 들으며 어딘가 상쾌해지고 흥이 나며 새로운 음역을 넘보고 싶을 때가 되면 다른 곡을 섭렵해본다. 아이다의 '개선행진곡', 베토벤의 '전원' '운명', 차이코프스키의 발레곡 '백조의 호수' '잠자는 숲 속의 미녀' 등을 들어보며, KBS FM 클래식을 24시간 들을 수 있으니 밤에는 자장가 삼아 듣다 보면 즐거운 꿈결에 상쾌한 아침을 맞을 것이다.

중국 고전에 "위지악이선기인울(爲之樂以宣其湮鬱, 음악을 만들어서 답답하고 우울함을 없어지게 하였다)"이라 하였다. 3천여 년 전에 음악을 정신적 치료에 응용하였으니 요사이 음악치료의 효시라 할 법하다. 정신신경과에서는 헨델과 모차르트의 음악에서 좋은 소재를 찾아 치료 목적으로 선택한다고 한다. 평화롭고 안정적인 소리에 침잠되어 희열에 잠들 것이다.

나는 젊어서 유행음악보다 우리 가곡이나 명곡을 더 즐겨 불렀는데, 이 취미가 클래식 이해에 도움이 된 것 같다. 처음 클래식을 접할 때 이해하기 어려워 오래 듣지 못했는데, 전문적인 음악 교육도 받은 바 없고 책도 많이 보지 못하였으며, 빨리 적응치 못한 것이 음악에 소질이 없기 때문에 감성지수가 모자란 줄로만 알고 있었다. 그러나 몇 년을 들어 조금 묘미를 느낄 수 있었다. 이제 혼자서 공원 산책길에 이어폰으로 테이프나 CD, FM클래식을 가슴으로 영혼으로 감상하며 눈으로 자연을 안고 숲속을 거닐면 이런 심정이다. 아,

이 세상은 살 만한 곳이구나! 천사 없는 환상의 천국이로다.

　지금부터라도 자주 들어 고독과 경쟁과 탐욕과 갈등에서 벗어나, 자연을 내려다보는 한 마리의 학이 되어 창공을 훨훨 날아 법열(法悅)의 경지에 이르러 보시구려.

취미는 대여섯 가지를

퇴직 후 여유로운 시간을 위해서 반드시 취미를 찾아 대여섯 가지를 키워나가야 한다. 취미 생활이 수입원까지 된다면 금상첨화가 될 것이다. 노년층에 취미 활동을 하지 않는 사람이 45.9퍼센트로 상상 이상의 통계 숫자다. 취미 생활은 혼자 할 수도 있고 다른 사람들과 소통하며 삶을 풍요롭게 하거나 다양한 자기계발의 기회가 되기도 한다. '뜻이 있으면 길이 있다'라는 말이 살아가면서 신기하게도 옳다는 것을 깨달을 때가 많으리라.

어떤 지인은 아침에 눈뜨면 오늘도 날이 밝았는데 지루한 하루를 어떻게 보내야 하느냐가 제일 큰 고민거리란다. 장수가 즐거움이 아닌 저주와 고통이라니. 넉넉한 여유로움에 건강도 좋다. 먹고살기 어려운 시절에는 취미가 사치였는지 모르겠다. 취미를 무엇으로 어떻게 할까는 개개인의 주어진 환경과 소질, 재능, 예술 감각 등을 고려하며 선택해야 할 것이나, 자기가 정말 좋아하며 일생 동안 도전해볼 만한 가치 있는 것에 정력을 쏟을 수 있는 취미를 가질 수 있다면 이보다 큰 행운이 없을 것이다.

저급하고 천박한 오락은 별다른 노력 없이도 배울 수 있어 쉽게 싫증이 나고 성취감을 느끼지 못하여 단편적이고 지속성이 없어진다. 인간의 존엄성을 잃어가며 사회적 지탄의 대상이라든지 혐오감을 준다든지 사행심을 조장할 수 있는 것이라든가 경제적으로 너무 부담이 되는 취미 역시 바람직하지 못하다.

독서는 필수겠지만 그 종류가 다양하여 한번 읽고 버릴 정도의 책이 있는가 하면, 일생을 읽어도 두고두고 반려의 좌우명으로 볼 수 있는 책이 있으니 종교적인 책이라든가 인격을 도야하는 교양서적을 통해 동서양의 고전문학과 철학의 삼매경에 빠질 수 있다. 이렇게 정서적인 풍요와 깨달음에서 오는 환희, 교양을 높일 수 있는 것이면 고품격의 취미가 될 것이다.

음악에 조예가 있다면 늙어서까지 육체적인 큰 힘이 들어

가지 않는 악기를 선택하여 걸음마부터 배워보는 것도 좋다. 대가의 경지에 이른다면 후진 양성의 기회가 생길지도 모를 일이다. 서양 고전음악을 자주 들으며 오케스트라의 웅장하고 화려한 교향곡, 활기찬 왈츠라든가 오페라 등 조용하고 아늑한 영혼과의 감미로운 교감으로 꿈결 같은 희열감에 잠기는 것도 한 방법이 될 것이다. 클래식을 감상하는 것이 그렇게 간단치 않으니 CD라도 여러 장르를 자주 듣고 해설집도 보며 많이 들어야 그 진미를 맛볼 수 있다. 클래식 감상은 해가 묵을수록 진가를 느낄 수 있으며, 잠 못 들어 고통스러울 때 라디오에서 흘러나오는 FM 방송의 클래식을 감상하면 잡념이 사라지고 평화로이 깊은 숙면에 빠져들 수 있다.

필자는 어려서부터 한문을 배웠지만 꾸준하게 강의도 듣고 노력하여 그 오묘한 진미를 맛보게 되었다. 무한한 학문의 가치에 매료되어 한 장 두 장 읽다 보면 어느덧 마지막 장에 이를 때 그 뿌듯한 성취감, 내가 아직 살아 있다는 즐거움을 만끽한다. 한문의 동양고전은 완성에 끝이 없다는데 취미로 선택하기를 잘했다는 생각을 해본다. 쉽게 다 알아버리면 단순하여 성취의 감흥도 연속성도 없을 것이다. 심연에서 보석을 찾듯 깊이에 빠져들어 갈수록 새로움이 발견되어 점입가경이란 말이 적절할 것 같다.

취미를 할 일 다 하고 한가할 때로 미루거나 '감히 내가 어떻게?' 망설이며 주저하지 말아야 한다. 오늘부터 굳은 마음으로 도전하지 않으면 내일도 그 꼬락서니일 테고 그렇게 늙어 죽는다. 공자가 말하기를 "나는 세상 나오기 전부터 알고 나온 것이 아니다. 나보다 더 노력한 사람은 없을 것이다"라고 하였다. 평균수명 100세 시대가 다가오는데 능동적으로 제3의 황금기를 개발하여 풍요로운 노년기를 맞는 것은 우리의 권리이자 의무다. 자기가 좋아해서 취미생활을 하면 배워나가는 데 학습효과가 그야말로 일취월장하여 몰입할 수 있고 거기에서 얻는 성취감으로 새로운 인생의 진면목을 충분하게 느낄 것이다.

필자는 문화원이나 복지관에 있는 시 수필 동아리에 가입하여 늦둥이로 정성스레 짓고 다듬은 시와 수필을 발표하고 있다. 박수를 받으며 내려올 때 부끄러운 자긍심으로 뿌듯한 행복을 느끼면서 더 좋은 시를 써보려고 여러 시집과 수필집을 열심히 보며 바쁘게 살아간다. 지난여름에는 한용운 탄신 기념 노인 백일장에 장원의 영예와 함께 상금도 받았다. 입문 2여 년 만에 받은 상장이 자랑스러웠다.

그림에 입문하면 세상 보는 눈이 달라지고 지루하던 삶이 행복해지며 그리는 것이 목적이 아니라 행복을 위한 수단이라고 하였다. 과천대공원 호숫가에 이따금 남녀 노인 두 분이 풍경화를 열심히 그리며 화폭을 메워가는 모습이 너무

보기 좋아 방해되지 않도록 멀리 떨어져서 한참씩 부러워하며 바라보다가 온다.

어떤 70세 노인은 서예학원을 몇 년 다니더니 자기 집에 운치 있는 서실을 꾸며 자기만의 공간을 마련했다. 거기에 자기 작품을 걸어놓고 감상하며 시간이 어떻게 지나가는지 모를 정도로 서도를 닦는다.

우리 나이가 되면 새 친구 찾기 어려우나 이런 교육기관에서 동호인을 만나 친구가 되면 내가 모르고 지냈던 알뜰한 정보도 들을 수 있어서 금상첨화일 것이다. 부디 죽음을 부르는 노인이 되지 않으려거든 취미를 대여섯 가지 택하여 시간을 금쪽같이 여기며 미완성의 아쉬움을 남기고 천국에 가서 완성해보도록……

무농약 포도

　자주 만난 정으로 의기투합한 친구 덕에 포도 익는 계절
이면 농약 안 친 포도를 맛본다. 시골에 엄마 모시고 농사짓
는 동생이 식구 먹는 포도를 잘 길러 "절대 다른 포도는 사
먹지 말라"는 부탁과 함께 보내주는 택배란다. 먹으면서 씁
쓸한 세태에 어쩔 수 없는 현실이 안타까웠다.

　몇 년 전 외가에 들렀을 때 딸기 농사를 보고 나는 지금껏
내 돈 주고 딸기를 사지 않는다. 추운 눈 내리는 겨울 새벽에
외숙과 외사촌 동생이 하우스를 덮는 눈을 쓸러 나갔다. 백
설이 만건곤한 계절에 하우스 안에서는 난방으로 파란 잎과
탐스러운 과일이 하얀 뜨물 같은 농약을 뒤집어쓰고 앉았다.

썩지 말라고 3~4일에 한 번씩 친단다. "사람에 해가 되지 않느냐?" 물으니 어쩔 수 없으며 다른 사람들도 똑같다는 것이다. 먹음직스런 딸기 한 개를 따 먹으려니까 놀란 동생이 먹지 말란다. 뒤에 있는 하우스에 가서 따 먹으라며 그 하우스엔 식구 먹을 것을 길러 약 안 친 거란다. 필자는 어려서부터 텃밭에 심은 딸기를 많이 먹었다. 그래서 딸기를 즐겨 자주 사 먹었다.

지인이 구기자를 많이 재배하는 곳이 고향이라 가을이면 형님이 보약으로 달여 먹고 술도 담그라고 구기자를 보내온다. 그 덕에 필자도 몇 번 얻어먹었는데 그분 형님도 다른 데서는 절대 사지 말라는 부탁을 한단다. 약을 안 치면 좋은 구기자를 생산할 수 없어서 어쩔 수 없이 농약을 많이 친다는 것이다.

나는 농고를 다녔기에 농사는 잠업까지 선구적이었다고 자부한다. 농약이 처음 들어온 때부터 그 독극성도 어느 정도 알고 있었으며 농약으로 흔히 쓰는 살충제는 전쟁을 준비하는 살인 가스로 만든다는 것도, 뒷일이지만 인도 농약 제조 공장의 누출 사고로 많은 사람이 희생되었다는 사실도 매스컴을 통해서 알았다. 복숭아에 파라치온이라는 독성이 최고로 강한 농약을 쓰지 않으면 과수 농사를 할 수 없다는 말을 직접 들었다. 처음 나왔을 때 사용법을 잘 모르는 농민들이 벼의 이화명충 약으로 파라치온을 쓰다가 죽기도 하고 병원에 가서 목숨을 건지기도 하였다.

시골에 살 때다. 외지에서 들어와 밭을 3~4년 세 얻어 인삼 농사 하는 사람들이 밭을 갈며 농약을 뿌리기에 약봉을 보니 제초제와 살충제였다. 제초제에는 다이옥신이라는 강력한 발암물질이 포함되어 있다. 남녀노소가 보약으로 먹고 있는 인삼에 수십 년간 분해되지 않는 농약을 쓰고 있다는 사실도, 고추 역시 살충제를 쓰지 않으면 수확할 수도 없다는 사실도 우리는 잘 알고 있다.

가을에 고향에 갔더니 밤나무에 달린 밤송이가 까만 밤톨을 물고 있기에 나무 밑을 가보았다. 떨어진 밤 알과 입 벌린 밤송이가 많았으나 벌레들이 들어 앉아 한 톨도 줍지 못했다. 듣자하니 산에 알밤 줍는 것은 옛이야기란다. 사과 농사 하는 사람들이 자식들에게 사과를 못 먹게 한다는 말을 듣기도 하였다. 식물성인 한약이 농약 범벅이라는 뉴스를 들은 지 이미 오래되었으며, 상추, 쑥갓, 채소 등에도 시들지 않도록 약을 뿌린다고 한다.

그렇다면 인류가, 아니 우리는 무엇을 먹고 살아야 한단 말인가? 요사이 친환경 재배라 하여 농약을 쓰지 않고 농사를 짓는데 값이 엄청 비싸서 서민들은 사먹을 수 없다. 그러나 친환경이라고 해서 완전 무공해라고 할 수가 없다. 땅은 이미 수십 년간 비료나 농약에 찌들어 있어서 그 농약들이 분해되지 않고 함축되어 농작물이 흡수할 수밖에 없다. 친환경 농작물은 농약 함유량이 좀 적을 뿐이다. 벼 병충해 약을 자기 논에 안 친다고 해서 100퍼센트 무농약 농산물일 수 없다. 다른 논에서 분무기로 뿌리면 멀리까지 날아가며, 물도 다른 논에 거쳐 오면 이미 오염된 상태다. 텔레비전에서 황태를 만들 때 식품에 쓸 수 없는 만큼 독성이 강한 살충제를 훈증제로 쓰고 있다고 취재한 것을 보았다.

시골은 이제 옛날의 천진한 시골만은 아니다. 농업도 기업이 들어와 있어 최소 투자로 최고의 이익을 창출하기 위해 타인의 희생을 강요하고 있다. 자기 식량을 마련하려는 사람도 있지만 생활 수단이거나 기계화된 기업은 자녀교육, 생활의 고급화, 영농기계 구입 등 막대한 영농비와 이윤 추구를 위해서 부득이한 상황일 수밖에 없다. 안일하게 시골 인심을 이야기하는 것은 시대에 뒤떨어진 사고일 뿐이다.

날마다 식품을 안 먹을 수 없고 농약 공해를 크나 적으나 피할 수 없는 시대가 되었다. 농림부나 농민이나 숨기고 감출 일이 아니고, 시약을 최소화하고 대처할 방법을 소비자들에게 알려주어야 할 것이다. 소비자들은 잘 씻어서 농약 피해를 최소화하는 다른 방법이 없다.

만들어 근심하지 말자

사람이란 근심 걱정으로 시작해서 근심 걱정하다 죽어가는 동물인지도 모르겠다. 크나 적으나 좋으나 싫으나 근심과 동거하며 살아가다가 늙어 심신이 쇠약해지면 더욱 심해져서 습관화되어 걱정을 떠나서는 살 수 없는 스트레스의 포로가 되어 살아간다. 잠 못 이루는 긴 밤을 만들며 살아가기에 세단의다(世短意多, 세상 사는 목숨은 짧으나, 걱정거리는 늘 많다)라고 하였나 보다. 근심을 떠나 자유로운 삶을 사는 것은 현실을 초연한, 범인은 접근할 수 없는 고상한 성자적 영역이 아닐까?

태초부터 풍수해, 지진, 화산 폭발, 집채만 한 파도 등 자연의 무한한 위력에 압도되어 한없이 초라해진 인간은 나약함과 자괴감으로 막연한 미래 불안과 불완전한 의식주의 불안, 약육강식의 생존에 대한 고뇌를 원시시대부터 각인했던 것일까? 유전인자 때문에 자자손손 근심을 떨어버릴 수 없는 구조적 생리인지도 모르겠다.

근심 걱정은 닥쳐올 행불행에 대해서 너무도 모르는 미래 불안에서 오는 자연발생적 방어 본능이라고 생각한다. 환득환실(患得患失, 얻기 전에는 얻지 못할까 근심하고, 얻은 뒤에는 잃지 않을까 걱정함)하며 사는 것이 인생인지도 모르겠다. 그래서 종교와 보험이 왕성하게 발전하여 염려의 도피처가 되고 있나 보다.

종교에서는 원시시대부터 태양을 위시하여 여러 초현실적 자연의 존재나 초능력의 절대자를 의지하며 보호받고자 희생 의식 등으로 불안을 해소하려 하였다.

옛말에 거안사위(居安思危, 편안할 때 항상 닥쳐올 위험에 대비하며 생각하라)라고 하였다. 염려할 일이 생겨서 근심할 뿐만 아니라 무사안일한 생활을 하면서도 염려를 하라고 하였으니 근심 걱정은 생활의 동반적 필수 요소란 말인가? 유비무환이란 작은 염려를 하면서 닥쳐올지도 모를 큰 염려를 대비하라는 것이나 보다. 불안에 맞서 이길 수 있는 사람은 이 세상에 존재하지 않는다고 하였다. 그렇다면 근심을 부정하기보다도 긍정적으로 받아들여야 하지 않겠는가.

　청소년기의 고뇌는 무경험에서 오는 불안정한 정서와 미래 불안을 정신적으로 연마하여 성숙해가는 과정이라고 생각한다면, 노년기의 불안은 다사다난한 만고풍상을 직접 체험과 학습과 무의식적 간접체험함에 따라 다양한 생존전략에 임기응변하거나 미래에 적응하려는 필수 요건이 되었다. 경제 불안, 건강 불안, 돌발사항 불안, 부부 갈등, 죽음의 공포 등 끝없는 불안에서 오는 만단수심(萬端愁心, 마음에서 일어나는 온갖 시름)을 제어하고 통제할 수 있는 능력을 개발하고 단련하여 방어적으로 대처할 필요가 있다.

　늙어서 할 일 없이 누워서 천장만 바라보고 있노라면 공상과 잡념에 빠져 무엇 근심할 일이 없나 헤매다가 기인지우(杞人之憂, 하늘이 무너질까 쓸데없는 염려를 하는 사람의 고사)를 시작한다. 아침부터 저녁까지 근심은 꼬리에 꼬리를 물고 공상과 망상에 허덕이게 한다. 더구나 노인의 숙면하기 어려운 습관화된 불안 장애로 밤마다 스트레스로 인해 습관적 불면증에 빠져 식욕도 떨어지고 의욕과 삶의 질이 떨어져 두통, 소화불량 등을 겪다가 심하면 염세적인 우울증에 빠져 극단적 해결책을 생각하기도 한다.

　바쁜 벌은 근심할 시간이 없단다. 근심할 건더기를 애써 찾을 것이 아니라 '바쁜 꿀벌'이 되어 활동할 수 있는 거리를 찾아보는 것이 어떨까? 등산도 좋고 자기계발의 독서 취미를 찾아 몰아의 경지에 들어가 심신에 피로감이 쌓이다 보면 잠자지 않으려 해도 저절로 눈이 감겨 숙면에 들 수 있다. 건강 장수에는 밤에 숙면하는 것이 무엇보다 중요함을 새삼 말할 필요가 없다.

불안이 구름 일 듯 할 때 클래식 음악 감상하기를 강하게 권하고 싶다. 초보자는 기악 감상이 추상적이기 때문에 무미하고 다소 어려운 점이 있으나, 즐기는 능력을 발전시키기 위하여 소품부터 반복해서 자주 들으면 흥미로워진다. 고상하고 고풍스러우며 수준 높은 서양음악을 감상하여 참다운 가치를 찾아 희열감의 경지에 다다를 수 있도록 풍요롭게 안도감을 주는 소리의 향연에 매료되도록 노력하여 보자. 나눔과 베품을 추구하는 자원봉사 센터에 들려 자원봉사 요원이 되어 나를 원하는 곳에 내 힘 닿는 대로 봉사활동을 열심히 하다 보면 심신에 활력이 생기고 돕는다는 자부심과 긍지로 오늘의 보람된 일에 근심 없는 행복한 잠자리가 될 것이다.

『맹자』에 "군자유종신지우(君子有終身之憂, 군자가 종신토록 염려하다)"라는 글이 있다. 맹자는 사사로운 걱정은 단 하루도 하지 않았으며, 어떻게 하면 후생들을 위해서 보배로운 어록을 남기고 인(仁)을 실천할까 염려하였다. 왕도와 인의를 존중하고 인류의 보편적 행복을 추구한 성스러운 근심이 었다.

우리는 어떻게 하면 조금이라도 내 인격을 높일 수 있는 가를 찾아보며 쓸 곳 없는 공상과 잡념에 사로잡혀 근심을 찾아 만들어 기인(杞人)이 되지 말자. 그 대신 나에게 주어진 천명을 받아들이며 안분지족(安分知足, 편안한 마음으로 제 분수 를 지키며 만족할 줄 아는 것)으로 호탕하고 낙천적으로 남은 삶을 행복한 꿀벌처럼 살아가기를.

나는 행복하다 최면을 걸자

"늙고 병들어 그날그날 지옥 같은 고통을 참고 사는데 귀
신 씻나락 까먹는 소리 한다"는 어르신들의 질책이 여기저
기서 들리는 듯하다. 인생은 태어날 때부터 고고의 성을 외
치며 고통을 숙명으로 파도치는 고해를 항진하며 살아가는
것인지도 모르겠다. 그러기에 한 사람이 살아간다는 것은 기
적이라고 하였던가! 더군다나 황혼기의 인생에 "무엇이 행
복하겠느냐"고 반문한다면 대답하기 어려우나, 그러면 날마
다 투덜대며 불행하다고 신세타령이나 하고 스트레스 쌓아
가며 살아가는 것이 삶의 순리일까?

장년 50대의 60퍼센트가 행복하지 않다고 대답하였으며

그 원인의 46퍼센트가 자녀의 뒷바라지 때문이라고 하였단다. 자식들도 자라면서 어렵게 살아가는 부모에게 불행을 선사하며 자랐으니 부모의 은공을 깨닫고 효로 보답하는 기회가 되었으면 좋으련만! 세계 열한 번째 경제대국이 되었으나 행복지수는 156개국 중에 56위로 행복하다고 하는 사람이 적으니 경제지수와 행복지수는 비례되지 않나 보다.

사람들은 크나 적으나 새로운 꿈의 목적을 달성하기 위해서 현실은 괴로워도 전심전력으로 미래의 행복을 위해 살아간다. 달성하면 더 큰 행복에 도전하며 만족과 과시욕을 충족시키려 날마다 끝없이 경쟁하며 투쟁한다.

톨스토이는 "인간은 행복하지 않으면 안 된다. 만일 어느 누가 불행하다면 그것은 그 자신의 죄다"라고 하였다. 행복과 불행은 자신의 책임이며 의무다. 불행을 남의 탓이라고 변명하지 말고 거리를 찾아 신나게 즐기며 살아가야 한다. 내 행복을 누가 거저 가져다주지 않는다.

'지금 이 세상에 살아서 하늘을 볼 수 있다는 것만으로도 행복하다'고 하였으며 성경에서 이르기를 "범사에 감사하라"고 하였다. 장수 유전자를 주신 부모님께 감사하고 수출 규모 1조 달러의 경제 강국으로 절대적 빈곤에서 3만 달러 시대에 풍요를 누리게 해주는, 불철주야 땀 흘리는 산업역군들에게 감사하자. 이집트 시나이 반도의 원주민 베두인족은 바닷가에 나무로 얼기설기 엮어 지붕 만들어 살며 잡아 온 생선을 양념도 없이 새카만 냄비에 생선 밥을 지어 맛있게 먹는다. 도회지로 왜 나가지 않으냐 물으니 "여기가 더 좋다"고 하였다. 행복하느냐 물으니 "신이 준 이곳이니 이보다 더 행복할 수 없다"는 대답을 하는데 표정에서 빈말이 아님을 느낄 수 있었다. 소유물의 다소에 의해서 인간의 가치와 행복이 결정되는 듯하지만 행복은 결코 많이 가진 자만 소유할 수 있는 전유물이 아닌가 보다.

황혼기에 주어진 장수의 축복을 어떻게 누릴 것인가? 우선 어떤 방법으로든 죽을 때까지 지성을 높이며 학문과 예술을 배우는 데 게으르지 말아야 한다. 일찍이 탈레스는 "행복은 건강과 돈과 학식이 있는 사람의 것"이라고 하였다. 내가 알지 못하면 일상생활에서 참인지 거짓인지 분별 능력이 없어서 이 사람이 이 말 하면 옳고 저 사람이 저 말 하면 그것도 옳고 사기꾼들의 감은이설도 옳고 점쟁이나 사주 보는 사람 말도 옳고 명당에 조상을 잘 모셔야 잘 산다는 것도 옳고 지구의 종말론도 옳다고 여기게 된다. 그렇게 갈팡질팡하며 일방적인 설득에 유혹되거나 사람들의 권고로, 때로는 군중 심리에 휩싸여 진부도 모른 채 풍뎅이 불 따르다 죽듯 일생을 고된 노예 되어 살아간다.

"나는 행복한 사람"이라고 생각하는 사람이 실재로 행운아가 될 수 있는 가능성이 높으며 역경을 당했을 때도 오히려 기회로 삼아 새로운 삶으로 도약하는 계기로 반전하여 환골탈태한 역사적인 인물들을 우리는 얼마든지 볼 수 있다. 추사나 다산도 역경이 없었으면 무명의 평범한 한 선비로 사라졌을 것이다. 비관주의자는 기회를 어렵게 만들지만 낙관주의자는 어려움을 좋은 기회로 만든다고 하였다. 중국 고전 『한비자』에 "화막대어부지족(禍莫大於不知足, 재앙 중에 만족을 알지 못하는 것보다 큰 것은 없다)"이라 하였다. "성공해야 행복한 것이 아니라 행복해야 성공이 찾아온다"고 하였다.

아프리카 산속의 일부 부족 등 처참한 생활을 하는 사람들에 비해서, 또 우리의 과거에 비해서, 내 처지보다 못한 사람에 비해서 "나는 행복하다" 최면을 걸자.

영국의 구족 화가 앨리슨 래퍼는 두 팔이 없고 발이 물개처럼 짧은 여인이다. 그는 한국에 초청되어 와서 밝은 표정으로 "사는 게 달고 맛있다"고 정말 희색이 만면하며 발랄한 모습을 보였다. 장애로 한 많은 인생의 절망과 좌절, 천시의 모멸감으로 살아온 그가 조건을 초월하여 맛있고 행복함을 느끼는 것은 긍정적 사고와 성취감의 만족과 존재의 가치관 덕분이 아니었을까!

나는 산을 좋아한다. 시원한 약수를 마음껏 마시고, 청정한 공기 흠뻑 들여 마시며 참신하고 상쾌함을 느끼고, 낙엽진 앙상한 가지들, 인동의 강인함으로 찬란한 봄을 기다리며 추위를 견디는 가냘픈 진달래 꽃봉오리에 눈보라가 요동치지만 화려한 내일에 부활을 꿈꾸는 모습을 마음에 새긴다. 바위에 누워 떠가는 흰 구름을 바라보며 속세의 고뇌를 잊고 오색 구름 위에 두둥실 떠다니며, 송대 대문호 소식(蘇軾)의 문장처럼 "유세독립 우화이등선(遺世獨立 羽化而登仙, 세상을 버리고 홀로 서서, 학이 되어 신선으로 오르는 듯)"이라 소동파의 멋들어진 문장을 새김질하며 신선이 되어보기도 한다. 자연과 일체된 호연지기, 지금 내가 가족과 함께 아직 이 순간 죽지 않고 존재하며 자연의 경이로운 묘미를 감상할 수 있음을, 이것이 얼마나 감사하고 고귀한 행복함이냐!?

행복은 목적이 아니라 일상적인 삶의 과정에서 자연스럽게 얻어지는 부산물 같은 것이라고 생각한다.

흥진비래(興盡悲來, 즐거움이 다하면 슬픔이 올 수도 있다)와 고진감래(苦盡甘來)로 풍성한 가을이 오면 북풍한설의 겨울을 생각해보며, 엄동설한이 지나면 양춘가절이 온다는 자연 순환 법칙이 인생에도 적용된다고 생각하며 행복은 계절이 오가듯 소리 없이 오가는 것이라고 생각해본다.

보약보다 좋은 단잠

　낮에 혹사당한 뇌가 휴식하고 충전 보강되는 때가 잠자는 밤 시간이다. 잠자지 않을 때 뇌는 많은 산소와 몸 전체 열량의 20퍼센트나 소비하며, 들어오는 정보를 분석 판단하거나 지령 보관 등을 하느라 활동하고 있다. 저녁이 되면 휴식이 필요하여 치유와 회복을 돕는 부교감신경이 활발하게 활동하여 심장 박동이 느려지며 체온도 내려가고 소화액을 저장하며 호르몬 등 새로운 에너지를 만들어내는 기회가 된다.

　최근 연구 발표를 보면 어린이들이 밤에 수면이 부족하면 호르몬 분비 기능 이상으로 정신이 산만하여 행동장애가 오며 폭력적으로 변한다고 한다. 뇌하수체의 성장 호르몬은 잘 때 10시부터 새벽 3시까지가 왕성하게 분비되어 성장에 중요한 작용을 하며 면역력을 높여주는 호르몬인 멜라토닌도 많이 분비된다고 한다.

미국 시카코 대학의 연구 발표에 의하면 하루 수면 시간이 6시간 미만이면 심근경색이나 뇌중풍이 1.6배 더 발생하며 부신피질 호르몬인 코르티손 분비와 혈압 심박동수가 상승하며, 하루 24시간의 3분의 1인 8시간을 자야 한다는 것이 생리상 합리적이라고 한다.

동이보감 내경편에서도 노인들은 영기쇠소 주부정이야불면(榮氣衰少 晝不精而夜不眠, 왕성한 기운이 쇠잔하고 부족하면 낮에는 정신이 맑지 못하고 밤에는 잘 자지 못한다)이라 했다. 육신이 연약해지고 기운이 떨어지면 정신도 흐려지고 잠도 줄어드는 것이 노인의 생리현상이다.

불면을 자연적인 생리현상으로 여기고 고통을 당연한 것으로 받아들이고 감내하며 죽음을 준비하였으나, 지금은 청년으로의 회귀는 아니어도 백세의 기대수명의 시대에 장수보다 '건강장수'가 우리의 꿈이 되었다.

하루 밤 잠의 사이클을 1~4단계로 나눈다. 1단계는 금방 잠든 시간이며, 2단계부터 3단계, 4단계로 가며 깊이 잠들다가 다시 1단계로 돌아오는데, 하룻밤에 사이클이 4~6회 반복된다.

밤에 뇌는 휴식하면서도 이상이 있는 곳은 수선하고, 부족한 호르몬이나 멜라토닌과 엔도르핀 등 활동에 필요한 활력소 등을 저장 보충하여 내일의 활동을 위하여 꾸준하게 준비한다고 한다. 불면이 계속되면 스트레스와 만성피로 때문에 편두통, 우울증 등이 생기고 면역력이 떨어지고 식욕부진으로 여러 가지 병이 유발된다.

우리 세대는 농촌이나 어촌, 도시 생활에서 입에 풀칠이라도 하기 위해서 새벽에 일어나 밤늦게까지 뛰어야 했다. 하루 7~8시간의 수면시간, 그것은 사치였으며 여유로움을 누릴 시간 없이 그야말로 불철주야 바쁘게 살아왔다. 그런데 이제 대다수의 고령자들이 이번에는 잠잘 시간의 여유로움이 생기니까 불면증으로 고통스럽게 밤을 보내는 경우가 대부분이다.

늙으면 수면시간이 실제로 짧아지는데 이것은 생리적으로 뇌파를 변화시키며 노화에 따른 각종 질병이 수면 장애로 이어진다. 우울증부터 알코올 중독, 당뇨, 신장병, 치매, 전립선 비대, 각종 통증, 무호흡증, 담배와 커피까지 수면 장애의 원인은 다양하다.

불면증은 남성보다 여성이 많으며 50대 이상이 65.6퍼센트로 해마다 16퍼센트씩 증가한다고 한다. 평균 수면시간이 60세가 되면 6시간이 되고 80세가 되면 5.5시간으로 줄어든다는 것을 통계에서 알 수 있다. 그뿐만 아니라 연세가 높아질수록 숙면, 즉 수면의 질이 떨어져 잠을 자고도 젊었을 때처럼 상쾌함이 없고 자는 둥 마는 둥 좀 더 자고 싶어도 잠들지 못하며 새벽에 일어나 청소하는 사람, 등산 가는 사람들로 시간을 보내는 일이 많다.

노년기에는 커피를 마시지 말거나 아침에 한 잔 정도만 마시는 것이 좋으며, 수면을 유도하는 멜라토닌 생성에 도움이 되는 우유, 바나나, 체리 등을 먹는 것이 좋다고 한다. 고령의 불면을 생리적으로만 판단하고 늙은이가 되면 당연함으로 받아들여야 하는 정말 개선책이 없는 것일까!

필자는 아직 극노(81세)가 아니어서인지 불면으로 크게 고통스럽게 지내는 때가 그리 많은 편이 아니다. 물론 세상살이에 근심 걱정이 없을 수가 없으니 갈등, 분노 등 스트레스받을 때는 예외적이긴 하지만 전환의 묘를 꾀하려 정신집중의 학습, 넉넉한 운동량으로 불면을 적극적으로 대처하며 숙면으로 유도하여 깊은 잠을 잘 때가 많다.

잡념으로 잠이 오지 않을 때는 불을 밝히고 '그래, 잘됐다' 벌떡 일어나 미처 보지 못한 책을 꺼내서 독서 삼매경에 빠지면 뇌가 빨리 자라고 독촉한다. 잠 못 드는 시간이 길어질 때는 라디오 클래식의 감미로운 선율에 푹 잠겨 감상하다 보면 비몽사몽 잠에 빠진다. 클래식 음악이 필자에게는 아주 좋은 자장가가 된 지 오래이며 듣는 시간이 15~20분쯤 되면 잠이 드는 것 같다. 기상 시간과 취침 시간을 정하여 가급적 6~8시간 숙면할 수 있도록 생체시계로 '나를 잘 길들여야' 건강체를 유지할 수 있다.

충분한 수면시간과 숙면은 건강 장수의 중요한 조건임을 명심하여 6시간 이상을 자지 못하면 건강에 치명적인 뇌졸중과 우울증, 심장병, 치매의 원인이 된다고 하는데 소홀히 할 수 없지 않은가?

잠자는 시간이 많은 동물일수록 오래 산다고 한다. 신이 무상으로 준 선물을 양보하거나 희생시키지 말고, 밤에 푹 잘 수 있도록 노력하여 건강장수를 누리시구려.

죽음을 겸허히

　60여 세쯤 되면 어렴풋이 나에게도 종말이 오나 이따금 죽음을 생각해볼 때가 있다. 우리를 기다리고 있는 것 가운데 죽음만큼 확실하고 평등한 것은 없다고 하였다. 그러나 죽음 따위는 아랑곳하지 않고 남의 일로만 여기며 살아가고 있는 것이 인생살이다.

　주위의 친척이나 친구의 부음(訃音)을 들을 때면 나도 멀지 않았음을 실감하면서도 '나는 아직 아니야' 부정하며 나와는 아주 먼 존재일 것만 같은 착각으로 살아가며 탈출할 수는 없을까 생각해본다.

　호생오사(好生惡死, 살고 싶어 하고 죽음을 싫어한다)라 하였던

가! 할 수만 있다면 영생하고픈 것이 솔직한 마음이다. 죽음
이란 나이가 많은지 적은지, 의무를 다 했는지 못 했는지, 남
잔지 여잔지 살피며 찾아오는 것이 아니며, 다만 경고는 아
련하게 느낄 수 있을는지 모르지만 예고 없이 닥쳐오는 것
이 죽음이다.

건강하다는 노인도 춘한노건(春寒老健, 봄추위와 노인 건강은
오래가지 못한다)이라 하였으니 와석종신(臥席終身)으로 가는
가 하면 심장마비 같은 돌연사 또는 불상사의 사고사도 있
을 수 있다.

어떤 친구는 70여 세로 "나는 100살까지는 충분하게 살
것 같다"며 열심히 운동도 하고 술, 담배 끊고 음식도 좋다는
것만 골라 먹으면서 100세까지 한 달에 자기 용돈도 계산하
며 의기양양하더니, 기침하며 감기 같다고 이것저것 먹어보
다가 대학병원에서 폐암 말기라는 진단을 받고 항암요법 하
다가 두 달 만에 죽었다. 생로병사는 피할 수 없는 천명으로
조금 빠르고 늦을 뿐이다. 곧 죽을 수 있다는 생각을 하면서
살아가야 죽기 전에 하고 싶던 일들을 정리하고 실행할 수
있지 않을까!

인생의 욕망 중에 가장 강렬한 것이 생욕으로 삶의 마지
막을 피하고 싶은 것은 인지상정이며 본능이다. "죽어도 좋
고, 살면 더 좋고"라는 도반의 말처럼 100세 먹은 노인도 말

로는 "이제 죽어야지"하면서도, 고락을 떠나서 할 수만 있다면 좀 더 살았으면 하는 것이 진심일 것이다.

1950년경에 우리나라 평균수명이 40여 세 미만이었으니, 지금의 80~90세는 감히 상상도 못할 대변천이다. 장수를 누리면서도 나에게는 종말이 없었으면 하는 욕망에 돈으로 운동으로 먹는 것으로 갖은 수단과 방법을 동원해보지만 죽음의 천명을 역행할 수는 없지 않는가!

돌파구로 행여나 하고 찾은 곳이 반신반의하며 영원히 살수 있다는 종교에 귀의하여 전심전력으로 몸 바쳐 찾아본다. 절대진리라는 말씀을 신봉하고 복종하며 정성을 바쳐 짧은 이 세상에 연연하지 말고 사후의 영원한 행복을 누릴 수 있는 절대자를 신봉하라고 권한다. 고해인 세상에 안심입명(安心立命)으로 내세에 꿈과 희망으로 죽음을 두렵지 않게 살아가는 것은 무의미한 일이 아니라고 생각한다. 다만 절대자를 자의적 아전인수로 멋대로 해석하고 치부와 개인영달의 수단으로, 사리사욕의 모리배 같은 종교 지도자를 얼마만큼 분별 능력으로 선택하느냐 못하느냐, 또는 절대자에게 귀의할지 귀의하지 않을지 그 선택의 자유는 오직 우리의 몫이다. 세뇌되어 기복(祈福)으로 이성을 잃는 맹신자가 되는 것은 자성할 일이다.

초인 철학자 니체는 "신은 죽었으며 보이는 현실적 세계만이 값진 것"이라고 하였으며, 천체 물리학자 호킹 박사는 천당은 "어른들이 만든 동화"라고 하였다. 창조와 진화는 어느 쪽이 옳은 말일까?

'말년'이라는 마지막 시를 남기고 간 우리 회원 고(故)박래윤 시인은 세 번이나 죽었다 깨어나 보고 "부활이나 천국이나 극락은 없더라! 이 세상 잘살다가 죽자"고 외치다가 먼저 갔다. 그분은 정신만 잃었다 깨어났으니 죽은 것은 아닐는지 모르겠다.

공자는 "미지생 언지사(未知生焉知死, 삶도 제대로 모르는데 죽음을 어찌 알랴!)"하였고 "완전하게 죽어본 사람이 없을 뿐만 아니라 영생해본 사람도 없다"고 하였다. 어느 철인은 "죽음은 두려워할 것도 없고 기대할 것도 없는 상태에서 생활하도록 노력하라"고 하였다. 암 환자들이 죽는 날까지 부작용 심한 항암요법을 하였으나 근래에는 완화요법이라 하여 호스피스의 도움으로 죽는 날까지 고통 없이 신앙으로 편안하게 정리하며 덤으로 살아간다는 여유로 여기면서 평화로운 죽음을 맞는다고 한다. 신앙만의 위대한 영역이다.

우리는 적게 남은 생의 시공간을 적극적으로 즐기기도 하고, 다른 사람에게 아낌과 추앙받을 수 있는 죽음을 사유(思惟)하며 시사여귀(時死如歸, 죽음을 고향에 돌아가는 것처럼 편한 마음으로 여긴다)로 받아들이자.

교회 장로인 친구는 큰 아들은 의대도 보냈고, 둘째는 카이스트 대학 나와 박사도 되고, 말년에 부부가 잉꼬로 살더니 어느 날 어젯밤에 죽었다는 전화를 받았다. 당뇨로 자다가 혈당이 떨어져 응급처치도 못하고 하늘나라로 갔나 보다. 한 친구 잃어 애석하지만 몇 달 몇 년 고통으로 고생하다가 죽는 사람들보다 얼마나 행복한 죽음이냐! 일찍이 몽테뉴는 "최상의 죽음이란 미리 예기치 않은 죽음이다"라고 하였다. "불멸은 끔찍한 형벌"이라고 하였으니 알맞게 살고 떠나는 것이 후손들을 위한 마지막 선물이 아닐까!

인생이 고해만은 아니다

　우리는 듣고 배우면서 때로 철학적인, 종교적인 인생관을 논하며 어떤 사유에 빠져들어 인생은 고해다, 유수와 같다, 주마 관산이다 등 생을 비관적으로 부정하면서 개똥철학의 낭만에 젖어볼 때가 있었으리라.

　현인과 철학의 대가들이 행복을 구가하며 낙관적으로 살기보다는 어쩔 수 없이 받은 삶을 부정적으로만은 아니지만 고행으로 부각시켜 인생의 목적이나 절대 진리를 찾으려 한 것 아닐까.

　인격 도야의 완성으로 가기 위해 극기와 절제로 육체를 혹독하게 연단하며 어떤 항구성, 정서적 안락을 추구하려는 시도로, 자신에게 인내를 강요하면서 삶이 피안의 절대행복으로 가는 바른 생활 태도라는 논리들을 전개하며, 종교만이 아닌 교육, 철학, 문학이 인격 도야의 정도(正道)가 되었다.

순환되는 희로애락으로 항상 행복할 수도 없고 불행도 연속 오는 것만도 아니지 않는가! 혹독한 시련과 연단을 거쳐야 화려한 경지에 다다를 수 있으니 시련을 감내하며 고비를 넘기면 기대하지도 않던 행운이 따라 왔음을 뒤에 깨달을 때가 많았을 것이다. 주역에도 "궁반통구(窮反通久, 곤궁한 어려움이 바뀌어져 오래도록 만사형통한다)"라 하여 곤궁함을 지나면 오래도록 행복하다고 하였다.

불행은 고통스러워 감당하기가 어렵고 빨리 지나가지 않으며 계속 나에게만 따라다닌 것 같고, 이 불행이 영원히 존속될 것만 같은 경험을 많이 겪어보았으리라.

가혹한 시련을 이겨내기가 한계에 다다르고 희망의 불빛이 가물거리며 더 어려워지면 죽음을 생각해볼 때도 있었다. 그때는 그래도 젊었기 때문에 '쥐구멍에도 볕들 날이 있겠지' 인생은 오르내리며 길흉화복이 교차하며 고진감래니 새옹지마라 하지 않던가! 이렇게 자위하며 불굴로 희망을 포기하지 않았으나, 늙으면 육체뿐만 아니라 정신도 의기소침하여 대처능력이 떨어지고 용단과 자신감이 없어진다. 힘겨운 고통을 잊어버리려고 노력해보지만 더욱 선명하게 떠올라 번민의 포로가 되어 불면증에 헤매다 보면 쌓이는 스트레스는 우울증이 필연적으로 따라온다.

독거로 돈은 달랑거리고 신병은 악화되어 고통은 심해지고, 인적은 끊어져 따뜻한 위로의 말 한마디도 들을 수 없는 '사람이 그리움', 특히 심야의 무서운 고독에 몸부림치며 비관의 함정을 벗어나지 못하여 한계에 다다라 다른 선택의 여지가 없어지면 정답게 맞아줄 것만 같은 그리운 짝을 찾아 떠났을 것이다.

매스컴에서 노인 자살률이 해마다 올라가 OECD 국가 중에 최고라고 하니 남의 일 같지가 않다. 태고부터 오래 살기를 희구하였으나 장수가 즐거운 일만이 아니고 지상 최대의 꿈이 아님을 생각하게 한다. '장수 고통'으로 홀로 지내면 고독에서 오는 우울증의 한 원인일 수도 있겠고 만성병의 고통을 이기지 못할 수도 있고 생활고에 또는 상대적 박탈감에 비참하다고 여긴 원인도 있겠지만, 스스로의 행복을 만들어보도록 최선을 다 해보았을까!

노후 대책보다 처자식만 위하고 믿다가 노숙자가 되지 않았는지! 우리는 지지리도 가난했던 시대를 살아왔다. 쌀밥 한번 실컷 먹어봤으면! 고기는 1년에 두세 번 맛보고 방 한 칸에 예닐곱 명이 이불 하나로 새우잠을 잤던 그 어려웠던 시절을 생각하며 오늘날 이 풍요로움을 살면서 저 아프리카 오지에서 나무 몇 개로 얼기설기 집 만들어 모래 바닥에 자면서 깨끗하지도 못한 물을 얻으려 부인과 아이들이 4~5킬로미터를 다녀와야 하고, 고구마 같은 뿌리로 그것도 하루 두 끼도 배불리 먹지도 못한 사람들보다 얼마나 행복한 삶인가!

세계 10위권의 경제를 감사하며, 나에게 천명을 주신 부모님과 조상께 감사하면서, 인생은 결코 고해만은 아닌, 살 만하지 않은가! 작가 박경리 선생은 "모진 세월이 다 가고. 아! 편안하다, 늙어서 이리 편안한 것을, 버리고 갈 것만 남아서 참 홀가분하다"라는 말을 남기고 고인이 되었다.

번민과 회의로 허무함의 실의에서 인생을 헤매지만 말고 새로운 것에 작은 일에도 집념으로 도전하며 인생은 결코 불행만이 전부가 아닌 살 만한 것이라고 억지로라도 "그래, 나도 행복하다. 행복하다" 최면을 걸어보자.

어느 누가 말했다. "인생은 고뇌도 아니고 향락도 아니다. 정직하게 봉사를 완수할 사업"이라고. 우리들은 봉사를 얼마나 하였는가. 다리 밑에서 버려져 걷지 못한 장애 아이를 업어다가 밥 얻어 먹이며 고귀한 생명을 이어주며 봉사와 사랑을 베풀고 있는 경우를 보았다. 사지 멀쩡한 우리가 살기 좀 괴롭다고 '죽네 사네' 하는 것도 안이한 사치가 아닐까!

바다도 무서운 질풍노도의 폭풍우가 있는 날보다, 작은

물결을 이루며 붉은 노을에 물들며 밤이면 별들을 불러 모아 오순도순 속삭이다 잠드는 때가 더 많다.

소식, 채식만이 능사가 아니다

남녀노소를 불문하고 채식과 소식이 다이어트와 건강 체질을 유지하려는 기본 식단인 것처럼 인식된 것 같다. 그러나 모든 사람에게 다 적용되는 것은 아니라고 생각한다. 성별, 연령, 체격, 직업, 건강 상태, 활동량 등에 따라 일률적이라고 볼 수는 없으며 중노동하는 사람들이나 자라나는 청소년 등은 더구나 아니다.

옛날 소수의 사람들이 선식이네 생식이네 도사식이네 하며 솔잎을 주식으로 하고 칡뿌리, 마, 더덕, 고구마, 쌀, 콩 등을 생으로 먹으며 반원시적 생활방식을 불로장수의 비결인 양, 깊은 산골에서 모아 사는 것을 텔레비전에서 보았는데 지금도 있는지는 알 수 없으나 퇴보로 회귀하는 난센스가 아닐 수 없다. 그들은 오대 영양소와 비타민, 미네랄, 칼로리와 인체 생리라는 것 자체를 모르는 사람들이 아닐까 생각해보았다.

한강의 기적을 넘어 고도성장으로 세계 경제대국이 되어 모든 것이 날마다 눈부시게 발전하며 변화하여 가고 있는데, 노인들은 아직도 19세기의 능력으로 21세기를 사라가려니 따라가려거든 꾸준하게 학습하여 지식을 쌓아가지 않으면 경제는 선진인데 문화와 생활양식의 사고방식은 후진에서 맴돌 수밖에 없다.

정보산업과 교통, 의료기술의 발전은 지난해가 옛날인 것처럼 첨단으로 치닫는데 구태의연한 허구적인 낡은 것을 맹신하지는 않는지! 『동의보감』에 "년노정혈구모 평거칠규반상 이작선명 끽식구건(年老精血俱耗 平居七竅反常 耳作蟬鳴 喫食口乾, 늙으면 정과 혈이 줄어들어 칠규, 즉 두 눈과 두 귀, 두 콧구멍, 입 등 일곱 구멍이 정상이 아니며, 귀에는 매미 우는 소리가 들리고 입이 건조하여 음식 먹기가 불편하다)"이라 했다. 안 그래도 나이가 들면 정력과 혈기가 떨어지고 눈, 귀, 근력, 기억력이 점점 쇠약해가는데 충분한 영양보충을 하지 않으면 쇠약의 진도가 더 빠를 수밖에 없다.

태양인 체질로 비만형에다 풍요로운 환경에서 활동량은

적으면서 에너지밀도가 높은 음식을 섭취할 기회가 많은 사람들이야 소식, 채식의 효과가 보약 먹는 것보다 더 좋을 수도 있다. 그런 비만형은 음식의 과잉 섭취로 인한 고지혈증, 체지방 축적으로 지방간, 고혈압, 당뇨, 뇌출혈, 심장경색 환자가 될 일순위이기 때문에 다른 방법이 없다. 소식, 채식 위주로 과잉 축적된 지방을 운동으로 태워 없앨 수 있는 방법밖에 없다.

그러나 육체노동을 고되게 한다거나 운동을 열심히 하는 사람이나 소음체질 같은 마른 형 체질을 타고난 늙은이들은 소식 채식을 맹종하다가는 여러 가지 부작용으로 조로현상(早老現狀)과 운동성 생체기능과 신진대사 기능저하와 영양결핍으로 각종 질병의 원인이 될 수 있다.

면역체계의 핵심이라 할 수 있는 백혈구 T세포 림프구는 밖에서 병균이나 바이러스가 침입하면 즉시 방어 체계를 갖추고 공격하여 격퇴하는 역할을 하는데, 면역력이 떨어지면 각종 바이러스와 암, 세균의 감염으로 치료 효과가 떨어져 여러 질병에서 벗어날 수 없다.

우리 몸에는 약 100조 개 정도의 세균이 간 크기와 비슷한 1.5킬로그램 정도 주로 대장과 소장에 있다고 한다. 건강한 몸이면 유익한 균과 유해한 균이 균형을 유지한다는데 식품에 포함된 방부제, 환경의 오염물질, 항생제 등 각종 약물들이 유익한 균들을 없애고 몸이 쇠약해지면 면역력이 떨어져 각종 병균과 하루에 5,000개나 생기는 암세포도 박멸하지 못할 것이다.

늙으면 신체가 달라진다. 모든 기능이 쇠약해져 70대가 되면 젊을 때와 견주어 소장에서 영양 흡수율이, 개인차가 있겠지만, 50퍼센트 정도란다. 밥 한 공기 먹을 경우 젊어서는 300칼로리 열량을 얻을 수 있으나 150칼로리 열량밖에 얻지 못하며, 식사량이 대부분 줄었는데 영양 흡수율마저 줄어들면 결과는 불문가지 아닌가!

천천히 가려거든 오대 영양분은 물론 과일 채소도 충분하게 먹고 하루에 소량이라도 3번 이상 식사하며 육류는 하루에 50그램 정도, 어류도 일주일에 2~3회 적당하게 먹고 밥맛이 없어도 소화기에 이상이 없다면 억지로라도 넘겨야 위가 작아지지 많고 건강이 유지된다.

잘 먹고 운동하면 힘이 솟구치며 밥맛이 좋아진다는 것은 상식이다. 육류는 양질의 단백질 공급원으로 인체 근육의 주 구성 성분이다. 고령이 될수록 내분비선의 분비, 특히 여성 호르몬의 분비 저하와, 생리적으로 빠르게 근육이 위축되는데 공급도 부족하고 운동량이 부족하면 위축이 더욱 빨라져 회생 불가능 상태가 진행되면 허리, 다리, 목 등의 퇴행성관절염으로 운동 장애가 오며 근육 탈락이 더욱 심하여 힘을 쓸 수 없으니 노화가 촉진될 수밖에 없다.

피부에 지방분과 콜라겐이나 수분 공급이 부족하면 얼굴이나 배 가죽이 쭈글쭈글해질 수밖에 없다. 하루에 계란 한 개, 우유도 한 컵씩은 마셔야 근육이 겨우 현상유지된다고 한다. 칼슘이나 비타민D의 공급이 부족하여 골다공증에 걸리면 한번 넘어져도 골절이 되기 쉽다. 어떤 늙은이는 일주일에 한 번 정도도 육류를 먹지 않는다며 건강 장수를 하려거든 채식 소식 해야 한다는 신봉자로, 옛날 직장의 자기 사장이 "육식을 좋아하다가 비만으로 빨리 죽었다"고 하며 오래 살고 싶거든 육류를 먹지 말라고 한다. 그분은 한두 해 사이 얼굴이 많이 축 처져 보였다. 70세가 넘은 사람이 생리적 흡수율 저하를 모르고 옛 습관대로 채식 위주로 먹기 때문일 것이다. 그 사람대로의 삶의 철학을 비하하거나 조소할 일이 아니지만 황혼기에 다다른 늙은이들이 한 번쯤 생각해 볼 일이 아닐까!

혹자는 풀만 먹는 코끼리가 육지 동물 중에 제일 크고 건강하며 힘도 제일 세지 않느냐 하는데 말은 맞는 말이다. 그러나 코끼리의 먹는 양과 소화흡수율을 인간과 비교할 수 없지 않은가! 하루에 먹는 생풀의 양이 무려 70~80킬로그램 이상이라고 한다.

360가지 영양소, 미네랄 등이 우리 몸에서 필요하니 고령자의 건강식을 염두에 두고 다양하게 적당량을 즐겁게 먹고 꾸준한 운동으로 건강체를 유지하며 겸해서 독서와 학습활동을 게을리 하지 말아야 한다. 알아야 면장도 하고 건강상식도 배우며 세상과 소통할 수 있으니까.

거지같이 벌었으니 정승같이 쓰구려

GNP 60달러라는 최빈국으로 처절한 시대를 살아온 우리들이다. 지금 젊은이들이 어찌 상상이나 하고 수긍할 수 있으리오. 최악의 상황에서도 인간이 지켜야 할 본분을 저버리지 않고 충효사상과 인륜도덕을 기본 이념으로 유교적 미풍양속의 전통을 이으며 살아왔다. 부모님의 명령을 천명처럼 복종하며 온정정성(溫淸定省, 겨울에는 따뜻하게, 여름에는 시원하게 주무실 때 자리 봐드리며 아침에 문안 여쭈는 일)의 효성으로 모셨고 돌아가시면 삼 년 동안 영위 모셔놓고 살아계신 듯 효심을 다하였다.

왜놈들 침략으로 순사의 번쩍거리는 칼을 보고 무서워 곡식을 빼앗기고 먹는 것이라야 조반석죽 초근목피로 끼니를 때워가며 서럽게도 살았다. 6.25라는 동족상잔의 비극에 천운으로 전사하지 않고 살아온 우리들이다.

뜨거운 모래밭 사우디에 건설 노동자로 갖은 천대와 푸대접을 마다 않고 서독에 간호사와 석탄 광부로 가서 진폐증의 무서움도 모르는 채 돈 벌어 고국으로 보냈으며 폭풍우 몰아치는, 어느 때 상어 밥이 될지도 모를 원양어선 타려고 처자식 남겨둔 채 남태평양으로 고기 잡으러 떠났다. 사선을 넘나들며 몇 년을 부모와 처자식을 위해 희생하며, 자식만큼은 훌륭하게 가르치겠다는 일념으로 가난을 물려주지 않으려 악전고투하며 살아왔던 늙은이들이다.

지금은 전 세계에 소문난 교육열에 따라 교육계, 과학계, 산업계, 경제계 등 각처에서 두각을 나타내며 세계가 놀란 피땀으로 얼룩진 한강의 기적을 이루었고, IT 강국으로 GNP 3만 달러 시대로 유사 이래 가장 풍요로운 천지가 개벽된 시대에 살고 있다.

그러나 지금 늙은이들의 생활과 사고방식은 어떤가! 거의가 활짝 핀 꽃의 향기도 맡아보지 못한 채, 고기는 그만두고 쌀밥이나 실컷 먹어봤으면 하는 소원도 이루지 못한 채 거의가 "자식들아, 너희들은 부디 잘살아라" 유언도 남기지 못하고 불귀의 객이 되었다.

가난 때문에 한글마저 배우지 못한 무식으로 진취적인 자아의식과 자존감을 상실한 늙은이들은 1960~1970년대 생활방식을 벗어나지 못하여 뼈 빠지게 모은 넉넉한 현금과 많은 부동산을 가지고 있으면서도 단돈 만 원 쓰는 데에도 벌벌 떤다. 무섭도록 가난하게 살았던 잠재의식들이 행여 옛 시대로 회귀하거나, 전쟁의 피폐함이 다시 도래할 수 있다는 불안심리로 각인되어, 저축하고 절약하도록 과거의 경험들이 묶어놓는다. 여유로워도 최소한의 소비에도 머뭇거리고 위축되어, 자기 먹는 것도 아까워하는 '거지 근성'을 떨쳐버릴 수 없는 구두쇠적 소비로 살아간다.

없는 형편이라면 가련한 동정심도 가련만, 돈은 은행에 쌓아두고 백수 자식들에게 매월 생활비 대주며 손자 학비까지 장학사업 하면서도 무능한 자식들에게 호통 한번 못 치며 속이 썩어도 혼자 투덜대는 못난 늙은이들, 이웃이나 친구들 자식들처럼 고관대작은 못되어도 제 딸린 식구들에게 가부장의 소임이나 다하기를 바랐으나, 며느리는 남편이 무능하다며 '사네, 못 사네' 지능적인 은근한 협박으로 한 푼이라도 더 긁어가려고 잔머리 굴린다.

안 가는지 못 가는지 총각으로 처녀로 늙어가며 캥거루 새끼가 되어 누워 먹으며 어서 부모 죽기를 고소원하는 자식들, 거지같이 모은 돈으로 자식들을 정승으로 모시려고 아등바등 살아왔구려?

해마다 달라지는 내 건강 우리 삶이 몇 날이나 남았는지 아는지 모르는지! 내일모레 중병 걸려 고려장 터(요양소)로 쫓겨나가 형무소 같은 생활하며 자식들을 원망하고 외치며 하소연해보아도 메아리 없는 처량한 모습에 정신병자 취급받으며 사무치도록 그리운 얼굴들을 떠올리며 외로움에 몸부림치다가, 믿었던 자식들에게 버림받았다는 배신감, 원통함의 울분, 불면증, 우울증으로 신체는 약해지고 떨어진 면역력에 이 병 저 병 앓다가 고종명(考終命, 명대로 살고 자식들의 임종을 받으며 편안하게 떠나는 오복의 하나)도 못한 채 쓸쓸히 영안실로 실려 갈지를 아는지 모르는지! 거지들이여! 너무도 억울하지 않은가!

요양사들 하는 말이 치매노인들이 제정신 들면 창가에서 우두커니 서서 저멀리 바라보며 행여 아들딸이 오나 기다리며 "내 빌딩과 집이 몇 채고 다달이 나온 집세도 많은데 이곳으로 내쫓고는 오지도 않는다"며 눈물을 뚝뚝 떨어트리며 울 때는 처량하여 차마 볼 수 없는 광경이란다. 그런 자식들을 위해서 거지같이 살며 희생해야 하였던가, 남의 일 같지 않더란다.

거지들이여! 짝과 유명 옷가게에 들려 최신 유행하는 신과 등산복을 사고 외국 여행을 떠나보구려. 가까운 곳에 가는 것도 좋지만 이왕이면 이국적 정취가 물씬 넘치는 곳으로 가야 상상 이상으로 감격스럽고 오래도록 추억으로 간직할 수 있다. 땅에서만 보았던 비행기에 올라 좋은 서비스도 받아보며 하늘 위를 보면 구름 한 점 없는 청천 하늘의 우주, 저 밑으로는 아스라이 떠다니는 솜덩이 같은 구름을 내려다보며 지금 내가 꿈을 꾸는 건지 천국에 와 있는 건지 허벅지를 한번 꼬집어보구려.

옛날 황제보다 호화로운 뷔페, 처음 보는 진수성찬에 포도주 한 잔 곁들이면 세상만사 이만하면 만족한 것을. 부러울 것 없는 내 세상이라오.

좀 더 여유가 있으면 통 크게 오대양 육대주 지중해까지 초호화 여객선 크루즈 여행도 해보고, 내가 왜 지금껏 많은 돈 두고 꾀죄죄하게 거지같이 살았을까 후회한다면 그래도 '난 사람' 되었구나 하구려. 다음 기회에 그렇게 할 생각이라면 '꿈 깨세요. 지금 몇 살인데! 늙은이 건강 믿지 말라 했소.' 다리만 불편해도 패키지 여행 가면 가이드 쫓아다니다가 볼 것도 못 보고 뒤떨어져 동료들에게 눈총 맞으면 안 간 것만 못하다오.

더 늙으면 여행하던 사진들을 보며 아름다운 추억 씹으면서 "나 행복하게 살았으니 지금 죽어도 원이 없다" 웃으면서 떠나구려. 탈무드에서 말한 대로 사람은 태어날 때는 주먹을

쥐고 죽을 때에는 손을 펴고 죽습니다. 빈손으로 왔으니 빈
손으로 가야죠.

나를 길들이자

60~70년을 습관으로 살아온 우리 육체는 오래도록 반복되는 삶에 관습과 관성에 길들여져 있고 생체는 시계가 되어 우리를 의식, 무의식간에 조종하여 우리는 인형극의 꼭두각시로 살아가고 있다. 사회적 여건과 환경에 순응하며 틀을 벗어나 살 수 없게 되어, 이 멍에에서 탈피하려 하다가는 자칫 궤도를 벗어나 인간 탈선에 더 깊은 수렁으로 빠져들 수도 있기 때문에 감히 쉽게 혁명적 도전을 감행하지 못하고, 그 유전적 전통이라는 무게에 짓눌리면서도 감내하며 고치지 못하고 사라가고 있다.

꼭두각시처럼 삶에 길들여 있음을 알아차리지도 못하며

살아간다. 숙명으로 받아들이며 나 하나가 아닌 종속된 나를 발견하며 묵묵히 주인의 소가 되어 '이랴 자라'에 고된 하루를 순응하고는 청각, 미각을 세워 오늘의 피곤을 짊어지고 김이 모락모락 피어오를 향긋하고 따뜻한 쇠죽의 배부름에 만족하고 안식을 그리며 풍경소리 울리면서 집으로 가는 소가 되어 살아간다. 우리는 소의 주인이 되어보기도 하고 소가 되어보기도 하며 채찍을 맞아보기도 하였고 때려보기도 하며 연륜을 감아 그 끝을 향하여 원근을 모르는 채 길들임에 순응하여 흘러가고 있다.

공전과 자전에 맞춰 거슬림 없이 인간의 규범에 얽매어 궤도를 따라 의미 있는, 때로는 시냇물의 지각없는 한 낙엽으로 아무렇게나 둥둥 떠내려 왔다.

이제라도 잊어버렸던 나를 찾아야 한다. 규격화된 틀을 탈피하여 장단점을 찾으며 잘못된 버릇과 습관, 태도 같은 것은 과감하게 탈피하여 현대적 과학과 석학들의 지적인 선도적 역할에 공감하며 공인된 참살이를 적용하기 위하여 비과학적이고 후진적 낡은 습관에 몽유병처럼 헤매임에서 벗어나 나를 채찍으로 사정없이 후려치며 새로운 길로 과감하게 길들여야 한다.

진리는 하루가 다르게 변해가고 있는데 낡디낡은 사상과 고지식한 구습의 한계에 갇혀 벗어나지 못하고 어쩌면 한줌도 되지 못한 고루하고 알량한 내 앎이 최고라는 자만에서, 또 내 연륜의 상식이 만고불변의 진리인 양 교만과 착각 속에 정중시성(井中視星, 우물 속에서 하늘을 보면 겨우 별 몇 개만 보인다)의 생활 방식을 고수하는 아집에서 꿈을 깨야 한다.

내가 알지 못하던 고매한 사상과 철학, 현대의 지적 수준에 알맞게 자신의 한계와 싸워 혁명적 노력으로 구태의연함에서 한 발자국씩이라도 힘차게 새로운 창의성과 가능성에 도전해야 한다. 그래야 새로운 길이 열린다.

"인수유지어학이 이불능용왕직전 이유소성취자 구습이 유이저패지야(人雖有志於學而不能勇往直前 以有所成就者 舊習有 以沮敗之也, 사람이 비록 학문에 뜻을 두었을지라도 용감하게 앞으로 똑바로 나아가, 하고자 한 바를 성취할 수 없는 것은 낡은 습관이 가로막기 때문이다)"라고 하였다. 게으르고 무능하며 참과 거짓을 분별하지 못하여 자기를 통제하지 못하고, 음담패설이나 읍견군폐(邑犬群吠, 동네에서 한 마리 개가 짖으면 떼 지어 따라 짖듯)로 흥이나 보고 주색잡기와 이기적인 탐욕을 버리지 못하고 있다.

율곡은 구습들을 가리켜 "일도 쾌단근주 정세심지 무호발여맥(一刀 快斷根株 淨洗心地 無毫髮餘脈, 한 칼로 통쾌하게 나무뿌리를 끊어버리듯이 하여 마음의 본바탕을 깨끗이 씻어서 털끝만 한 남은 줄기도 없게 하라)" 하며 나의 못된 버릇을 한칼로 잘라버리라고 하였다.

나를 이긴 자가 세상을 이긴다고 하였다. 담배와 과음이 발암의 원인이라는 것을 알면서도 길들여진 중독에서 헤어나오지 못하며 특히 젊은이들은 돼지같이 살이 쪄 가지고도 고기와 단 음식을 절제하지 못하고 먹어대니 고깃덩이의 요구에 노예가 되어간다. 통제하지 못하고 무서운 후유증을 앓다가 가산을 탕진하고 젊은 나이에 비참한 말로를 맞이하기도 하는데 이 모두 내 몸뚱이를 가혹하게 통제하고 길들이지 못하였기 때문이다.

서울대공원에 가면 아름답게 노니는 홍학들을 볼 수 있다. 우리 안에서 길들여져 하늘에 그물 같은 장애물이 없건만 날아가지 못한다. 그 플라밍고가 지금이라도 고향을 그리면서 창공의 무궁한 자유로운 비상을 꿈꾸며 쉬지 않고 열심히 날개 짓을 한다면 푸른 하늘을 훨훨 날아 꿈에도 그리운 고향 아프리카를 향하여 광활한 바다와 대지를 내려다보며 자유를 만끽하련만, 사육사의 달콤한 사료에 길들여져 있는 것이 꿈과 희망이 없는 인간 늙은이들을 닮았다. 꿈을 잊은 홍학이 자아만족(自我滿足)의 망상에서 깨어나야 하듯, 영혼을 살찌우는 지식의 수준을 높이기 위하여 날갯짓으로 나를 개혁하여야 한다.

너무 극단적이겠지만 우리들은 어떤가? 늙어질수록 게을

러져 약아빠졌고 어른이라는 위세로 이 나이에, 머리는 둔해지고 시력은 떨어지고 무엇을 할 수 있겠나? 못 한다고 회피하며 머리를 써서 사고력이 필요한 것들은 아예 접근을 하려들지 않는다. 날마다 오늘도 이 지겨운 하루를 어떻게 보내느냐? 장수를 재앙으로 받아들이는 한심스러운 건강한 노인들이 열에 7~8명은 될 것이다. 먹고살기 어려웠던 때의 교육 부재에서 오는 진취적 사고 미숙과 자기계발 방법의 무지로 여가를 활용할 욕구마저 없으니 '나를 길들인다'는 것이 부사리 소 길들이기보다 더 어려운 일일지도 모른다. "건강하게 장수하려거든 병원에 가는 것보다 배우는 데 시간을 더 투자하라"고 하였다.

"천리원정 시발득달(千里遠程 始發得達, 천리 먼 길도 출발하면 도달할 수 있다)"이라고 하였다. 핑계만 하지 말고 오늘 당장 시작하자. 일단 한 달만 나를 길들이는 시험을 해보자. 나는 한 달 전보다 지식인이 되었다는 작은 자부심이 나의 삶에 새로운 가치와 성취감에 뿌듯한 쾌감이 점입가경에 이를 것이다.

늙은이에게 꿈과 희망이 없으면 갈구하던 장수가 한낱 거추장스러운 죽음의 방해꾼으로 전락되어 세끼 밥 먹고 걸어다니는 시체일 뿐이다. '습관은 나의 운명'이라고 하였다. 새로운 나를 찾아 여명(餘命)에 환희의 불을 밝혀 자유와 행복의 황금기를 마음껏 즐기다가 '나 이 세상에서 행복하였노라' 미소 지으며 떠나보자.

황혼 이혼

황혼 이혼이 신혼 이혼 비율을 앞섰으며 해마다 곱절씩 늘어난다는 매스컴의 보도가 늙은이들 마음을 착잡하고 서글프게 한다. 30년 이상 부부의 이혼이 1년에 8,600여 건으로 20년 이내 이혼 건을 추월하였다고 한다. 젊어서 아등바등 살아왔으니 황혼기에 한 쌍의 잉꼬 되어 즐기지는 못할망정 인생최악의 이혼을 선택할 수밖에 없게 되었는지! 자본주의 물질문명인 서양문화에서 비롯된 황금만능의 이기주의의 풍요가 몰고 온 노도를 피할 수 없는 대가로 인과응보라 체념하고 받아들여야 하는지 모르겠다.

최근 프랑스 어느 단체에서 세계 23개국에 "짝이 인생에 가장 큰 행복을 주나요?"라는 설문조사를 하였는데 한국 국민은 "글쎄요?"로 40퍼센트가 가장 부정적이고, 남아프리카 공화국 국민이 "물론이지요"로 82퍼센트가 긍정적 대답이었단다. 자식들과 혈연을 끊고 제2의 베필과 얼마만큼의 행복을 꿈꾸는지 모르지만, 속된말로 그놈이 그놈이 아니던가. 또 백마를 타고 와서 공주로 모셔갈 그놈이 과연 나타날지 모르겠다.

원인과 필연은 공존하는 법칙이니 동서양 역사가 수천 년 동안 남존여비 사상과 더욱 유교의 근간을 둔 사회구조가 남성우월주의로 여자들을 무시하거나 천대하며 교육도 시키지 않고 때로는 노예 취급하면서 짓밟아왔다. 번식의 수단으로 성의 도구로 모질게 짓밟히며 자란 길가의 질경이 같은 운명으로 살아온 여성이 대부분이었다. 자식들을 잘 길러야 하고 일부종사(一夫從事, 한 남편만을 섬김) 삼종지의(三從之義, 여자의 도리로 어려서는 아버지를, 시집가서는 남편을, 남편이 죽은 뒤에는 아들을 좇음을 일컬음)의 굴레에서 자식과 남편을 위해 희생을 천직으로 충직한 소처럼 살아온 것을 부인할 수 없다.

이제 천부적인 똑같은 인권과 남녀평등의 민주주의 사상으로 여권이 신장되고 대등한 경쟁에서 자기계발로 국가의 최고지도자가 되어 진두지휘하는 위치까지 오를 수 있는 천지개벽의 시대에 살고 있다. 봉건시대의 규범, 예의 윤리의 족쇄로 남편을 하늘처럼 받들고 부창부수 절대복종을 미덕으로 여기며 군왕같이 군림하여 술주정뱅이 망나니 같은 폭군 남편이라도 맹종하며 "죽어도 시댁 귀신이 되어라"는 친정 부모님의 말을 천명처럼 받들며 수천 년 희생하며 운명이라 체념하고 살아왔던 할머니, 어머니들이었다.

그러나 유교의 사회규범이 된 예(禮)에서는 여성을 박대하고 맹종만을 요구한 것은 아니었다. "당면솔이부 이공경야(當勉帥爾婦 以恭敬也, 마땅히 힘써 너의 아내를 선도하되, 공경으로 하라)"라 하였으니 아내를 잘 인도하되 명령하듯 윽박지른 것이 아니라 공경하는 마음으로 가르치라고 하였다.

명문대가의 가풍을 이어온 사대부 집에서는 부부간에 서로 경어를 쓰면서 자녀문제나 가사의 대소사를 서로 의논하였으며 독단적 복종만을 요구하며 천시하지 않았다. "지친지밀 지정지근(至親至密 至正至謹, 지극히 친하고 지극히 가깝더라도 지극히 분별하고 지극히 삼가야 할 사이)"이라. 서로 손님처럼 공경하라고 배우고 가르쳤다.

한 맺힌 핍박에 복수심의 분노로 극단적인 이혼으로까지 이르는 것 같기도 하고. 같이 모은 재산 배분받으면 권위적인 위세에서 벗어나 해방감의 자유를 만끽하며 남은 황혼의 여생이나마 행복하게 살고 싶은 마지막 선택이었을지도 모르겠다.

또 어떤 이는 지금까지 내조로 받들면서 뼈 빠지게 벌어온 경제에 어려움 없이 아들딸 잘 키워 보내고 늙은 영감 빨래하고 밥해주기 싫은데다 이제 돈도 못 벌고 남자구실도 제대로 못하며 잔소리에 소비만 하는 쓸모없는 천덕꾸러기 영감쟁이, 조강지부(糟糠之夫, 쌀겨를 끓여 먹으며 같이 고생한 남편)를 헌신짝처럼 팽개쳐버리고 체격 좋고 매너 좋은 멋진 영감과 로맨스 그레이를 꿈꾸는 배은망덕한 악처도 있을 것이다.

이혼보다 더 무서운 것은 은퇴 후 부부의 갈등으로 인한 분노의 범죄가 해마다 증가한다는 것이다. 경제권을 모두 아내에게 넘겨주며 직장생활 할 때처럼 대접해주겠지, 걱정 없는 여생을 즐길 일만 남았다는 무지개 꿈을 꾸겠지만, 돈이 필요할 때는 돈 좀 내놓으라고 다그치기를 몇 번 하다가 모멸감을 느껴보면 배신한 아내가 원망스러우며 일생동안 믿고 살아온 자신이 한없이 초라하고, 돈 버는 기계로 노예로 이용만 당하고 돈을 못 벌어오니 망가진 고물 로봇에 쓰레기 천덕꾸러기 취급하며 언어폭력으로 학대당하면, 망가진 자존심에 분노가 일어 이혼 아니면 부부가 최후 수단으로 생을 마감하는 불상사가 해마다 증가한다고 한다.

어느 한쪽은 나만은 결점이 없는 허황된 망상의 자기도취의 착각 속에 방황하며 새 파라다이스를 꿈꾸는 광인적 사고에 허우적대는 사람도 있을 것이다. 거짓말일 것이라고 인정하고 싶지 않은 말이지만 요사이 난 여자라면 '애인 없으면 무능한 여자'라나, 그 많은 나이트클럽과 모텔이 대낮에 성업 중이라는 데 정상적인 부부가 낮에 숙박비 내며 모텔 가겠는가! 평일에 이름께나 있는 식당에 가보면 부인들이 앉아 수다에 박장대소로 즐기는 모습을 흔히 볼 수 있다.

　고금을 막론하고 어느 시대에나 '맑은 연못에 미꾸라지'가 있기 마련이다. 내 집사람은 미꾸라지 아니기를 희망해보는 것은 언감생심일까! 대다수 부인들은 현모양처로 부족하지만 참고 가정을 알뜰하게 꾸려나가며 자식들을 사랑하고 이끌어나가는 가장을 받들며, 혹은 생활전선에서 성실하게 살아가며 늙으면 미운 정 고운 정으로 부족한 곳 밀어주고 당기면서 등 긁어주고 아픈 곳 주물러주며, 황혼의 늙은 기러기로 외짝이 될까! 연민의 정, 망태 사랑으로 살아간다.

　초혼 이혼 부부들이 80퍼센트가 후회하며 재결합하는 부부도 많다고 한다. 누가 말했다. "결혼생활은 폭풍이 몰아치는 호수지만 독신 생활은 항상 진흙탕의 연못"이라고, 지금껏 참고 한평생 미운 정 고운 정 묵은 정 쌓였으니 짧은 말년에 기죽은 영감 용서하며 이해해주고 자식들에게 손자들에게 마지막 이혼녀의 불명예를 갖지 않도록 인내력으로 유종의 미를 거두어 해로동혈(偕老同穴)하여 묘 앞에 다정스러운

'학생 ○○○공지묘, 유인 ○○○씨지묘, 합부(合祔)'의 비석을 남겨 대대손손 추앙받는 그 집 영혼의 세(世)와 대(代)의 서열을 받아, 당당하게 족보의 한 페이지에 올려, 후손들이 명현과 고관대작이 되어 받들고 열녀로 모실 조모님이 되어 보도록 유종의 미를 거두소서.

치매에 대비하자

　장수는 고금을 막론하고 인류에게 최고의 욕망이며 그 이상을 실현하고자 수단과 방법을 가리지 않았고, 원시시대부터 부단히 노력하고 연구하고 갈구하며 살아왔다. 21세기에 접어들어 현저한 의학의 발달과 정보전달이 급속도로 발전하여, 그 꿈이 조금씩 실현된 듯하면서 생존기간이 길어지더니 뜻하지 못한 장애물들이 하나둘 나타나 각종 질환으로 장수의 보람이 허물어진 것 같아 안타깝기 그지없다.

　장수만 하면 모든 원하는 일을 성취하며 행복하게 살 줄만 알았으나, 상상도 못하던 질병들이 욕망을 가로막으며 자연의 천리를 거스를 수 없어 정해준 천명 이상을 욕심내지 말라는 경고인지도 모르겠다. 뜻하지 못한 질병 중에 기억장애, 인지장애는 서서히 다가오는 혈관성 알츠하이머병이나 파킨슨 병, 알코올 중독, 중금속 오염 등 원인이 다양하지만, 이중에 알츠하이머(72퍼센트)가 가장 많다고 한다.

　뇌세포 사이에 단백질의 일종인 아밀로이드가 생겨 뇌세포를 공격하여 치매를 진행시킨다고 한다. 고령자의 고질로 65세 이상 발병률은 4~5퍼센트 정도며, 85세가 되면 30퍼센트, 100세가 되면 50퍼센트가 치매환자가 된다는 통계가 나와 2015년에 치매환자가 60만 명이며 2025년에는 100만 명이 넘을 것이라고 한다. 선진국인 미국에서도 2050년에는 치매환자가 1380만 명이 될 것이라는 연구 발표를 보았다.

　누구나 40~50대가 되면 이따금 무얼 가지러 갔다가 한참 멍하게 내가 지금 무얼 가지러 온 것인지 깜박 잊을 때가 있거나, 손에 들고서 찾는 해프닝에 웃음 반 걱정 반으로 어물쩍 넘어가며, 가스불 위에 음식 냄비 올려놓고 타는 냄새에 놀라 나가보면 음식이 타고 있을 때, 치매 시초는 아닌가 당황할 때가 있다. 그런데 이것은 치매 초기가 아니며 누구나 겪는 증상으로 뇌에 과부하가 걸려 일시적으로 저장된 기억이 재생되는 능력에 문제가 생긴 것으로 나이가 들면 머리가 빠지듯 자연현상이지만, 자주 심하면 병원에 가서 검진을 받아야 한단다.

치매의 초기 증상이 일관적이지 않지만 특히 의기소침해지며 기억력이 떨어지고 인식장애가 오며 매사에 자신감이 없어지고 감정이 둔해지며 평형감각이 떨어져 넘어지기 쉬우며 간단한 계산도 못하고 언어장애, 불안, 초조감을 보이며 불면증에 게으름과 무기력 상태가 나타난다고 한다.

최근 연구로는 45세부터 인지 기능이 점차 쇠퇴하기 시작하여 고령이 되어갈수록 전반적으로 뇌 기능이 떨어지며 기억을 주관하는 해마가 손상되며 뇌혈관질환 특히 동맥경화가 치매의 원인이 될 수 있다 한다. 알코올은 기억의 중추적 역할을 한 해마의 뇌세포를 파괴하여 치매의 원인이 되며, 당뇨가 심하면 뇌 활동의 연료격인 포도당 공급이 원활하지 못하여 치매의 원인이 되며 스트레스 우울증 등도 한 원인이라고 한다.

일본의 뇌 의학자 마쓰바라 에이타 박사는 40~50대의 80퍼센트는 머릿속에 '치매의 싹'이 있다고 하며 15년 후에 서서히 나타난다고 하였다. 치매 원인은 한두 가지가 아니지만 1000억 개나 되는 뇌세포의 복잡한 연결고리로 신호를 주고받으며 생각 행동 기억 감정 등을 지배하다가 늙으면서 급속도로 뇌세포가 사멸되고 위축되어 다시 재생되기가 어렵다는 데 문제가 있다고 한다.

뇌는 신체 질량의 2퍼센트밖에 안 되지만 열량 소비는

20퍼센트나 된다고 하니 늙어가도 적당량의 열량과 다양한 영양분도 충분하게 섭취하여야 예방효과가 있을 것이다. 뇌 주성분은 수분과 당분 지방으로 되어 있으므로 지방을 너무 제한하며 소식, 채식만으로는 뇌 건강을 만족하게 할 수 없다.

그렇다면 돌이킬 수 없는 자연현상이라고 방치하며 체념할 수밖에 없을까? 지금까지 세계 많은 석학들의 연구로 꾸준히 노력하면 얼마든지 예방할 수 있다고 한다. 우선 근육을 단련하면 커지고 힘이 세지듯, 뇌세포를 자극하여 두뇌활동을 많게 하기 위해 사고하며 독서와 외국어 공부 등을 열심히 한다든가, 날마다 일기를 쓴다든가 시나 수필 자서전 등을 써보며 그림 서예 등을 하며 등산이나 수영 등 유산소 운동과 근력 운동을 꾸준하게 하며 금연은 물론 뇌세포를 손상시키는 술은 금주를 위주로 하는 것이 좋다. 동물성 기름도 적당하게 섭취하고 트랜스 지방이 많은 패스트푸드나 달고 짠 음식을 제한하며 채소 중 잎채소는 특히 엽산이 많아서 좋으며, 해조류로 미역, 다시마, 김과 과일은 제철에 나온 신선한 것으로 견과류도 조금씩 먹고 밥을 검은 콩과 현미를 넣어 30번 이상 씹어 먹으며 들깨 등도 적당하게 먹는 것이 좋다고 한다.

하버드 대학의 연구에 의하면 이와 같은 활동을 꾸준하게 하여 뇌의 위축이 없어지고 오히려 뇌질이 커졌다는 것이다.

서양의 어느 통계에서는 유무식이 치매 발병률에 현격한 차이가 있다는 연구 결과도 나왔다. 머리를 덜 쓰는 무식한 사람들에게 발병률이 30퍼센트 더 높았다는 것을 보면 머리를 쓰고 안 쓰는 것이 치매의 큰 요인임을 알 수 있다.

현재 치매 치료 약은 악화를 막고 증상을 지연시키므로, 지속적인 약물 치료와 정신치료를 병행하며 가족의 애정 어린 보살핌이 치료에 상승효과가 있다고 한다.

늙어 짝과 같이 살다가 한쪽이 치매 환자가 되면 연약한 몸으로 어떻게 간호할 수 있을까! 효 사상이 없어진 자식들의 도움을 기대한다는 것은 언감생심으로, 둘이서 서러운 몸부림으로 버티어보다가 같이 떠나는 비극의 신문기사가 남의 일 같지 않고 우리들을 슬프게 한다.

알맞게 먹고 공부와 취미생활을 열심히 하여 뇌가 녹슬지 않도록 하고 스트레스를 줄이며 즐기는 행복을 찾아 건강한 장수를 누리다가 치매 걸리기 전에 둘이서 자다가 함께 떠날 수 있도록 기적을 베풀어 주기를 나를 사랑하는 신에게 간절히 빌어보자.

고집과 자존심만 키우지 말자

　우리는 엄한 부모 밑에 유교적인 환경에 대화가 아닌 지시적 명령의 틀에서 암기 위주의 한문 교육을 받으며 자라다가, 학교의 신시대적 자유분방한 교육도 함께 받았다. 물론 형편이 어려워 학교 문턱도 밟아보지도 못한 성장 과정을 거친 노인도 많다. 가난으로 결핍의 시기를 겪어오며 유연성, 사회성, 민주적 공동체의 생활에 숙달되지 못한 생활방식의 미숙으로, 때로는 옹졸함과 자신들의 사고방식대로의 집요함과 고지식에서 탈피하지 못하고 자기의 사상과 주의주장이 옳고 남의 의사를 무시하며 살아갈 때가 많았다. 사람들은 거의가 '나 자신을 과대평가'하며 살아간다고 한다. 거지도 자존심은 있다는 것과 상통하는 말일까?

가부장적이며 봉건적 문화에서 일본의 침탈문화와 6.25의 동족상잔의 혈투와 서양문물도 접하며, 외국에 나가 피땀으로 달러도 벌어들여 오늘의 부를 누리게 한 장본인들이다. 그들은 수천 년 아득한 역사의 굴곡을 헤치며 불사조가 되어 내려온 우리의 아름다운 전통문화를 지키며 면면이 이어왔는데 현대문명의 조류에 휩싸여 윤리도덕과 생활규범의 정체성을 잃어가는 것 같아서 아쉽고 한탄스러울 때가 많았을 것이나, 시대의 조류이니 어쩌겠는가! 풍요의 대가로 여기고 감내하며 따라 살 수밖에 없는 현실이 안타까울 뿐이다. 사회의 규범인 삼강오륜은 저만큼 멀어져가고 자유경제체제의 산업화에 물질만능의 사회풍조가 만연하여 극단적인 이기주의에 치열한 생존경쟁에서 낙오되지 않으려니 인의예(仁義禮)는 멀어져가고 삭막한 경쟁만 만연하여가니 어디가 끝이 되는지 모르겠다.

학교에서도 기초적인 도덕 인성 교육은 등한시하고 지식교육만 치중하여 경쟁심만 조장시켜 우열을 가리니, 전통문화로 수신제가의 인격 도야는 닦을 기회가 없어져 가고, 학교폭력이라는 신조어에 교육계뿐만 아니라 사회 전체가 우려하고 있다.

질풍노도처럼 밀려오는 새로운 문물에 불가항력으로 동

화될지언정, 늙은이들이나마 미풍양속을 이어가도록 모범을 보이면서 방법을 찾아 주어진 위치에서나마 최선을 다할 수밖에 없을 것 같다. 그러나 전통이나 예의도 시대의 조류에 순응하며 허례허식의 장황한 규범에 얽매일 것이 아니라, 큰 틀에서 벗어나지 않은 한 간소화할 것에 너무 인색하여 고집불통으로 일관하지 말고 서로 화합하고 소통하는 아량으로 좋은 의식의 개선에는 동조하고 발전시켜 나아가야 할 것이다.

"성인도 종시속"이라 하였다. 하물며 우리 평민들이랴! 때로는 젊은이들이 순리에 순응하지 않고 자기주장을 정당화하며 대립각을 세워 황당할 때가 있었을 것이다. 그러나 그들 나름대로의 주의주장을 "너희들이 무얼 알아"라며 무시하지 말고 그들의 사상을 경청하여 질문과 응답, 토론으로 소통하며 합리적 사고라면 수긍하고 배우는 포용의 아량도 가져야 할 것이다.

정보화 기기의 발달로 세계의 곳곳의 변화를 시시각각 알 수 있는 지구촌을 실감하며 살고 있다. 수준이 낮은 노인들은 정보에 대한 접근성과 병약하여 활동성이 낮아 자연히 한쪽 구석으로 밀려날 수밖에 없지 아니한가? 날마다 새로운 지식과 정보를 우리가 다 따라간다는 것은 불가능한 일임을 잘 알고 있다. 다만 이해하려고 노력하며 최소한의 무식이라도 면하기 위해서는 우리가 알려고 노력하고, 손자들이나 젊은 사람들에게 기회가 있을 때마다 물어보고 배우며, 복지관에 교육프로그램이라도 강의를 듣고 신문이나 책을 열심히 보면 조금씩이라도 수준이 향상될 것이다.

구시대가 최고였다는 착각으로 오늘을 바라보는 좁은 식견과 경험으로 아는 채 잘난 채 하다가는 '무식을 폭로한 늙은이'라는 비아냥거림의 대상이 될 수밖에 없다. 견풍사타(見風使舵, 바람을 보고 키를 부린다)로 세류에 순응하며 젊은이들과 대화상대만이라도 되려거든 꾸준하게 학습하여 현실적 지식 축적으로 지성인다운 인격을 갖추기 위해 노력해야 함이 필수다.

탐진치(貪瞋癡, 탐내고 성내고 어리석은 마음)로 늙어서 노탐이나 부리고 어르신의 권위나 세우려고 큰소리로 질책이나 하고 아는 척 사리에 맞지 않는 말 함부로 떠들어대면 치매환자 취급 받기 쉽다.

현대의 학식을 배우지 않고 옛날에 조금 듣고 배운 것으로 아는 척하면 초라해 보이니 경거망동(輕擧妄動)을 삼가야 할 것이다.

유서를 써두자

"유서라고 하면 죽음에 임박하여 유언도 하고 유서도 쓰는 것이지 사지 멀쩡한 우리보고 유서를 쓰라니, 어서 유서나 쓰고 죽으란 말이냐." 이렇게 항변할 사람이 있을지도 모르겠다. 상식적인 유서의 취지와 개념으로 보아 그렇게 오해할 수도 있을 것이다. 하지만 전대미문의 의술의 발달과 경제적인 풍요와 지적 수준의 향상으로 평균수명은 날로 높아가고 건장한 체구로 경제 활동을 계속할 수 있는 기회도 늘어남과 동시에 활동 범위와 양이 많아져 갑작스러운 사고와 예고 없이 비명횡사도 허다해진 것이 사실이다.

주위에서 급작스러운 사망으로 인하여 금전적 거래관계

를 알지 못하여 상속인들에게 경제적인 손실이 많았을 것이라는 말을 흔히 듣는다. 사람들은 거의가 언제 죽을 줄 모르면서도 나는 아직 몇십 년은 더 살 것이라고 자만하며 살아간다. 예로부터 늙은이의 건강 믿지 말랬다.

엊그제 등산길에 자주 본 사람이 안 보여 물으면 죽었거나 병원 응급실에 갔단다. 아침마다 산에 와서 각종 운동도 열심히 한 사람이니 그렇게 빨리 갈 줄은 아무도 예측하지 못했다. 어떤 분은 전철 타러 계단 내려가다가 넘어져 응급실에 갔으나 세상을 떴다. 죽으면 유산이야 정해진 법대로 공정분배하면 되고 은행예금도 통장 있으면 찾을 수 있지만, 개인적인 대차관계를 잘 정리해두었다면, 빌려준 돈을 받을 수도 있겠지만 영원히 속수무책으로 미궁에 빠져버릴 아까운 재산이 되어버릴 수도 있다. 부부로 만나 같이 고생하며 자식들 키우고 가르치려 한 푼이라도 아까워 못쓰고 모은 재산, 부인에게 더 주고 싶었을 수도 있을 것이다.

주변에 어떤 분은 나이는 70이 넘었지만 다부진 체격에 건장하며 대학 나온 엘리트로 호걸스럽고 호인풍으로 아침마다 등산길에 미소 지으며 인사성 좋아 보였는데, 그분이 애석하게도 암으로 투병 중에 세상을 떠나는 중에도 남은 집 한 채를 부인 앞으로 증여 등기를, 아들딸 아무도 모르게 이전해두었더라는 말을 듣고 가슴이 뭉클한 감동으로 사색에 잠겨보았다. 아들딸이 있지만 잘 길러 가르치고 결혼시켜 내보냈으니 그들은 젊고 건강하여 자립할 수 있을 것이니 못 먹고 못 입고 고생한 혼자 남을 반쪽에게 죽을 때까지 자식들에게 무시당하지 말고 여생을 즐기다가 뒤에 하늘나라에서 만나자고 마지막 선물을 주고 간 멋지고 갸륵한 그분에게 큰 박수를 보내고 싶은 마음은 왜일까!

효 사상은 멀어지고 유산이나 계산하며 우리 부모 60세만 살고 죽기를 고대하고 있는 자식들보다, 미운 정 고운 정 쌓으며 희생하고 동고동락하며 알뜰하게 살아준 짝에게 더 배려하고 싶은 것은 인지상정이 아닐까? 서민들이야 집 한 두 채가 전 재산이겠지만 넉넉하게 모아둔 분들은 아들딸들에게 집 사주고 결혼시켰으면 자립하여 잘살아보라고 내쫓아내야 한다. 많이 주어 무능한 후손 만들지 말고, 어떤 분들처럼 남은 재산 학교나 자선단체에 기부하는 방법도 모색해보면 어떨까!

"황금만영 불여교자일경(黃金萬嬴 不與敎子一經, 황금이 상자에 가득함이 자식에게 한 권의 경전을 가르치는 것만 같지 못하다)"이라는 가난한 선비들의 넋두리로 지나친 말 같으나 한번 음미할 만한 금언이 아닐까! 민법의 법조문을 자세하게 읽어보지 않았지만 별도의 유서가 없으면 유산상속을 부인이 1순위(50퍼센트)고, 2순위가 출가불문하고 아들딸들에게 균

등분할 상속된다는 말을 들었다. 독거로 살아간 어떤 분은 유서에 큰 아들에게 50퍼센트 남은 것은 작은아들 둘과 딸에게 주라는 유서를 써놓았다고 한다. 큰아들이 부모를 잘 모셨고 선영에 봉제사를 하여야 하기 때문이라고 하였다. 가문을 이어가며 봉선사효(奉先事孝, 선조를 받들고 부모를 효도로 섬기다)할 장자에게 혜택을 주고 싶었을 것이다. 그래서 우리들은 유서의 필요함을 느낄 때, 특히 외국에 여행을 떠날 때는 필히 써서 책상 서랍이나 장롱에 넣어두고 잠가두면 될 것이다.

병석에 의지하여 병원 신세 지며 여유롭게 예고된 때, 유서의 기회가 얼마든지 있을 것이라고 안일하게 차일피일 미루지 말고 내가 내일 죽을지도 모른다는 생각으로 유언장을 써두자. 유언의 보통 방식은 자필증서, 녹음, 공정(公正)증서, 비밀증서, 구수(口授)증서 다섯 가지가 있다.

자필증서 유언은 유언할 사람이 내용을 쓰고 연월일, 주소, 성명을 내 자필로 쓰고 도장을 찍는다. 녹음 유언은 유언의 취지, 성명, 연월일을 말하고 증인이 유언의 정확함과 성명을 같이 녹음하면 된다. 공정증서 유언은 유언을 남길 사람이 증인 두 사람을 데리고 공증사무실을 방문하여 유언자가 말하면 공증인이 필기 낭독하여 유언자와 증인이 각자 서명 날인한다.

비밀증서 유언은 유언자가 성명을 기입한 증서, 즉 유언장을 봉투에 넣고 봉한 뒤에 도장을 찍고 두 사람 이상의 증인이 유언임을 인정하고 표지에 제출 연월일, 유언인, 증인 두 사람이 각각 서명 날인하여 유언 봉서를 5일 이내에 공증사무실이나 법원에 제출하여 확정 일자 도장을 받아야 한다.

구수증서는 질병 등 급박한 사유가 생겼을 때 유언자가 두 사람 이상을 참여시켜 참여인 중 한 사람이 유언자의 유언을 받아 적은 뒤에 낭독하여 유언자와 증인들이 확인한 뒤에 연월일과 각자가 서명 날인하여 7일 이내에 법원의 검인을 신청해야 한다. 개략적인 것을 써보았으니 참고하고 자세한 것은 변호사 사무실이나 공증사무실에 찾아가 상담하여 법적 하자가 없도록 공고하게 해두는 것이 좋을 것이다.

어느 친구의 자식들처럼 유산분배를 가지고 싸우고 혈연까지 끊는 불행한 일이 일어나지 않도록 미리 대비할 일이다. 옛날에는 유산상속을 거의 장자가 독차지할 정도였다. 3~4대를 봉제사 받드는 일이 간단치가 않다. 주부가 목욕제계까지는 아니더라도 머리라도 감고 의복을 깨끗이 갈아입고 농경 시대 바쁜 일도 못하며 최소한 삼실과와 탕감 등 제수는 준비하기 위해서 시장을 가야 한다. 배고픈 시절에 제사라고 작은 아들 식구들 식사 준비도 해야 하며 4대를 봉제사하려면 1년에 8번 모셔야 한다. 적은 돈으로 모신다고 해도 매년의 행사로 지손이나 딸들은 정성과 비용이 지출되지 않은 돈이다.

가난하게 살 때 손님이 오면 큰아들 집에서 접대하였다. 그래서인지 '큰아들 잘사는 집이 없다'고 하였다. 속어에 '만사불여튼튼'이라는 말이 있듯이 죽은 뒤에 자식들 형우제공(兄友弟恭, 형제가 서로 우애를 다함)으로 화목하게 지내게 하기 위해서도 유서는 필히 써놓아야 할 것이다. 죽으면 말을 하지 못하니까.

백세시대의 지혜

펴낸날	초판 1쇄 2017년 3월 30일

지은이	신현동
펴낸이	심만수
펴낸곳	(주)살림출판사
출판등록	1989년 11월 1일 제9-210호

주소	경기도 파주시 광인사길 30
전화	031-955-1350 　팩스 031-624-1356
홈페이지	http://www.sallimbooks.com
이메일	book@sallimbooks.com

ISBN	978-89-522-3609-8 04080
	978-89-522-0096-9 04080 (세트)

※ 값은 뒤표지에 있습니다.
※ 잘못 만들어진 책은 구입하신 서점에서 바꾸어 드립니다.

이 도서의 국립중앙도서관 출판시도서목록(CIP)은 서지정보유통지원시스템 홈페이지
(http://seoji.nl.go.kr)와 국가자료공동목록시스템(http://www.nl.go.kr/kolisnet)에서
이용하실 수 있습니다.(CIP제어번호: CIP2017006964)

책임편집·교정교열 **성한경·문형숙**

089 커피 이야기   `eBook`

김성윤(조선일보 기자)

커피는 일상을 영위하는 데 꼭 필요한 현대인의 생필품이 되어 버렸다. 중독성 있는 향, 마실수록 감미로운 쓴맛, 각성효과, 마음의 평화까지 제공하는 커피. 이 책에서 저자는 커피의 발견에 얽힌 이야기를 통해 그 기원을 설명한다. 커피의 문화사뿐만 아니라 커피에 대한 일반적인 정보 및 오해에 대해서도 쉽고 재미있게 소개한다.

021 색채의 상징, 색채의 심리

박영수(테마역사문화연구원 원장)

색채의 상징을 과학적으로 설명한 책. 색채의 이면에 숨어 있는 과학적 원리를 깨우쳐 주고 색채가 인간의 심리에 어떤 작용을 하는지를 여러 가지 분야의 사례를 통해 설명한다. 저자는 색에는 나름대로의 독특한 상징이 숨어 있으며, 성격에 따라 선호하는 색채도 다르다고 말한다.

001 미국의 좌파와 우파   `eBook`

이주영(건국대 사학과 명예교수)

진보와 보수 세력의 변천사를 통해 미국의 정치와 사회 그리고 문화가 어떻게 형성되고 변해왔는지를 추적한 책. 건국 초기의 자유방임주의가 경제위기의 상황에서 진보-좌파 세력의 득세로 이어진 과정, 민주당과 공화당의 대립과 갈등, '제2의 미국혁명'으로 일컬어지는 극우파의 성장 배경 등이 자연스럽게 서술된다.

---

002 미국의 정체성 10가지 코드로 미국을 말하다   `eBook`

김형인(한국외대 연구교수)

개인주의, 자유의 예찬, 평등주의, 법치주의, 다문화주의, 청교도 정신, 개척 정신, 실용주의, 과학·기술에 대한 신뢰, 미래지향성과 직설적 표현 등 10가지 코드를 통해 미국인의 정체성과 신념을 추적한 책. 미국인의 가치관과 정신이 어떠한 과정을 통해서 형성되고 변천되어 왔는지를 보여 준다.

058 중국의 문화코드

강진석(한국외대 연구교수)

중국의 핵심적인 문화코드를 통해 중국인의 과거와 현재, 문명의 형성 배경과 다양한 문화 양상을 조명한 책. 이 책은 중국인의 대표적인 기질이 어떠한 역사적 맥락에서 형성되었는지 주목한다. 또한, 구체적이고 실제적인 여러 사물과 사례를 중심으로 중국인의 사유방식에 대해 설명해 주고 있다.

057 중국의 정체성 　eBook

강준영(한국외대 중국어과 교수)

중국, 중국인을 우리는 과연 어떻게 이해해야 하나? 우리 겨레의 역사와 직·간접적으로 끊임없이 영향을 주고받은 중국, 그러면서도 아직까지 그들의 속내를 자신 있게 말할 수 없는, 한편으로는 신비스럽고, 한편으로는 종잡을 수 없는 중국인에 대한 정체성을 명쾌하게 정리한 책.

015 오리엔탈리즘의 역사 　eBook

정진농(부산대 영문과 교수)

동양인에 대한 서양인의 오만한 사고와 의식에 준엄한 항의를 했던 에드워드 사이드의 오리엔탈리즘. 이 책은 에드워드 사이드의 이론 해설에 머무르지 않고 진정한 오리엔탈리즘의 출발점과 그 과정, 그리고 현재와 미래의 조망까지 아우른다. 또한 오리엔탈리즘이 사이드가 발굴해 낸 새로운 개념이 결코 아님을 역설한다.

186 일본의 정체성 　eBook

김필동(세명대 일어일문학과 교수)

일본인의 의식세계와 오늘의 일본을 만든 정신과 문화 등을 소개한 책. 일본인을 지배하는 이데올로기는 무엇이고 어떤 특징을 가지는지, 일본을 주목해야 하는 이유는 무엇인지 등이 서술된다. 일본인 행동양식의 특징과 토착적인 사상, 일본사회의 문화적 전통의 실체에 대한 분석을 통해 일본의 정체성을 체계적으로 살펴보고 있다.

261 노블레스 오블리주 세상을 비추는 기부의 역사

예종석(한양대 경영학과 교수)

프랑스어로 '높은 사회적 신분에 상응하는 도덕적 의무'를 뜻하는 노블레스 오블리주. 고대 그리스부터 현대까지 이어지고 있는 노블레스 오블리주의 역사 및 미국과 우리나라의 기부 문화를 살펴보고, 새로운 시대정신으로 노블레스 오블리주를 부활시킬 수 있는 가능성을 모색해 본다.

396 치명적인 금융위기, 왜 유독 대한민국인가 eBook

오형규(한국경제신문 논설위원)

이 책은 전 세계적인 금융 리스크의 증가 현상을 살펴보는 동시에 유달리 위기에 취약한 대한민국 경제의 문제를 진단한다. 금융안정망 구축 방안과 같은 실용적인 경제정책에서부터 개개인이 기억해야 할 대비법까지 제시해 주는 이 책을 통해 현대사회의 뉴노멀이 되어 버린 금융위기에서 살아남는 방법을 확인해 보자.

400 불안사회 대한민국, 복지가 해답인가 eBook

신광영 (중앙대 사회학과 교수)

대한민국 사회의 미래를 위해서 복지는 선택이 아니라 필수라고 말하는 책. 이를 위해 경제 위기, 사회해체, 저출산 고령화, 공동체 붕괴 등 불안사회 대한민국이 안고 있는 수많은 리스크를 진단한다. 저자는 사회적 위험에 대응하기 위한 복지 제도야말로 국민 모두의 삶의 질을 높일 수 있는 길이라는 것을 역설한다.

380 기후변화 이야기 eBook

이유진(녹색연합 기후에너지 정책위원)

이 책은 기후변화라는 위기의 시대를 살면서 우리가 알아야 할 기본지식을 소개한다. 저자는 기후변화와 관련된 핵심 쟁점들을 모두 정리하는 동시에 우리가 행동해야 할 실천적인 대안을 제시한다. 이를 통해 독자들은 기후변화 시대를 사는 우리가 무엇을 해야 할 것인지에 대하여 생각해 볼 수 있을 것이다.

사회·문화

eBook 표시가 되어있는 도서는 전자책으로 구매가 가능합니다.

㈜살림출판사

www.sallimbooks.com
주소 경기도 파주시 문발동 522-1 | 전화 031-955-1350 | 팩스 031-955-1355